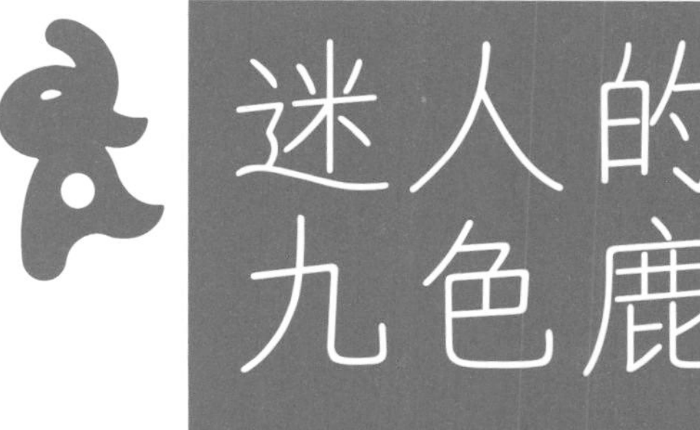

Adventures in Art
艺术探索

陈卫和 赵燕/著

河北教育出版社

目 录

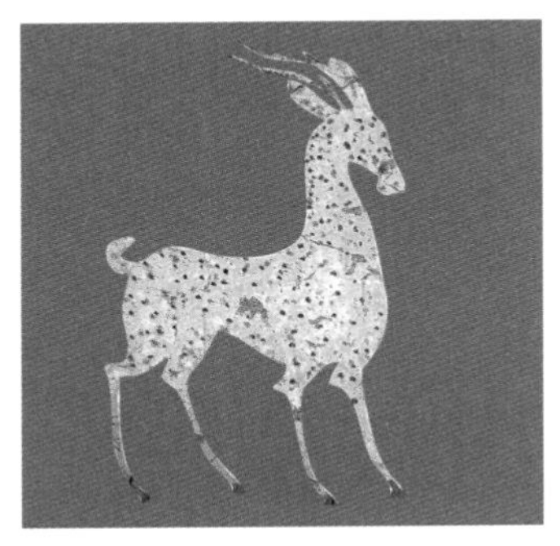

关于九色鹿的故事，有许多不同的版本童话流传，你知道关于它的故事吗？如果你知道，能在500字之内写出这个故事吗？

如果你还不知道，把书反过来，读读下一页上的故事。

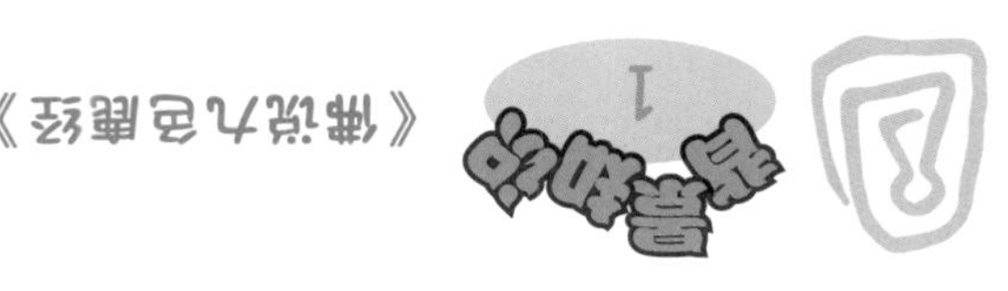

《佛说九色鹿经》

有一个美丽的故事

很久很久以前，有一只色彩斑斓的九色鹿，在印度恒河边快乐无忧地生活。

一天，一个年轻人落入了水流湍急的河中，在河边嬉戏的九色鹿，立即将他从水中救起，送到岸上。落水人感恩不尽，愿意终生为奴。九色鹿婉言谢绝，只嘱咐不要泄露她的行踪。落水人百般允诺后离开。

话分两头：该国王后夜里梦见九色鹿，九色鹿美丽的皮毛令她垂涎不已，她一心取其皮角为自己做衣饰，要求国王为她猎鹿。国王遂布告天下，悬重赏猎鹿。落水人见利忘义，背弃诺言，向国王告密，并引王师前去围猎。

九色鹿此时毫不知情，正在熟睡中。王师已重围数匝，张弓拔弩。危机之中，鹿的好友乌鸦飞来唤醒九色鹿，九色鹿毫无惧色地走到国王面前，向国王陈述了事情的原委。国王深受感动，非常敬重鹿的德行，于是昭示全国，任鹿觅食，不得伤害。

落水人出卖恩人遭到恶报，遍体生疮。王后也终因不得鹿之皮角，怨愤而死。

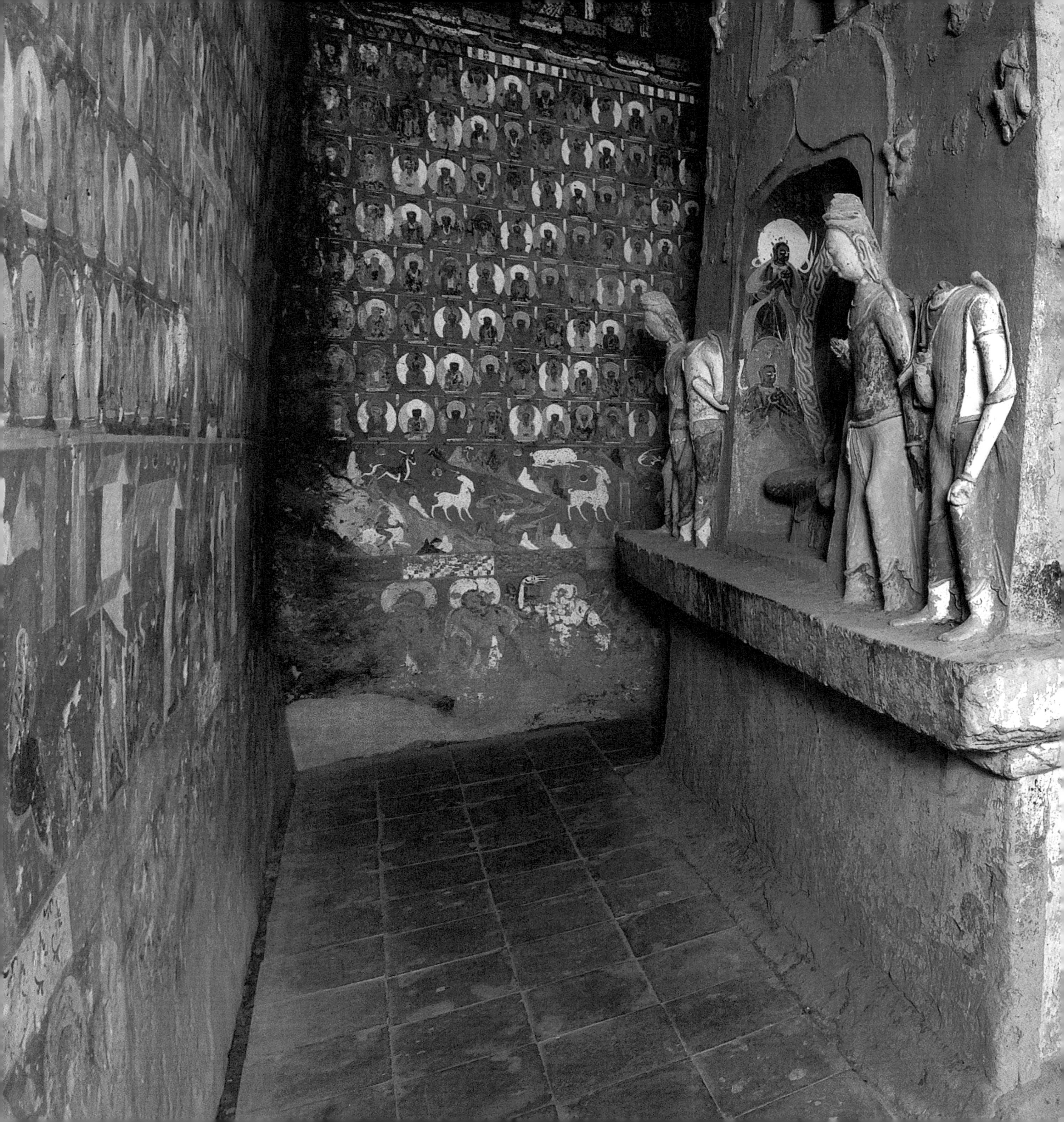

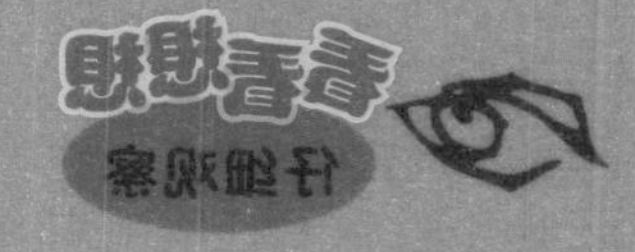

不论你的故事和我的故事怎么不同，都是文字写下来的故事。如何用绘画来讲述这个故事呢？让我们仔细欣赏一幅1500年前的壁画《九色鹿的故事》。

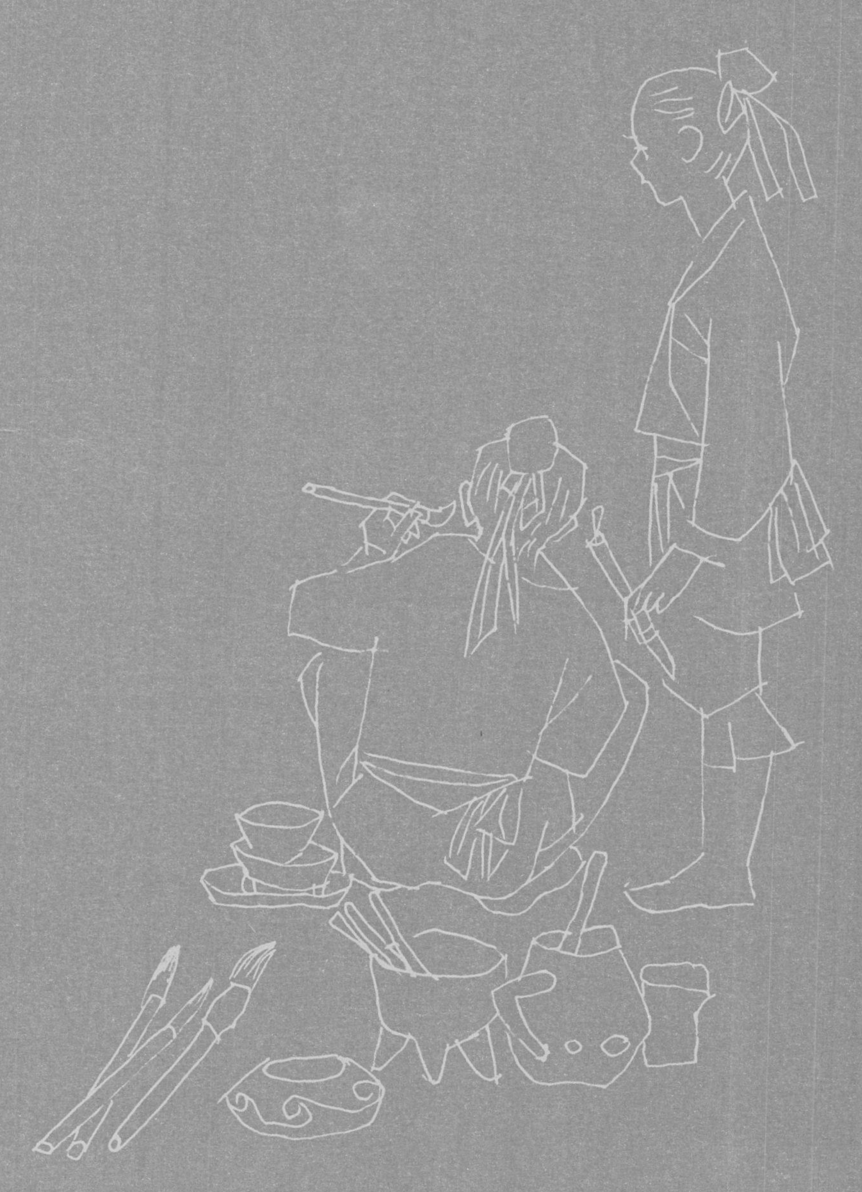

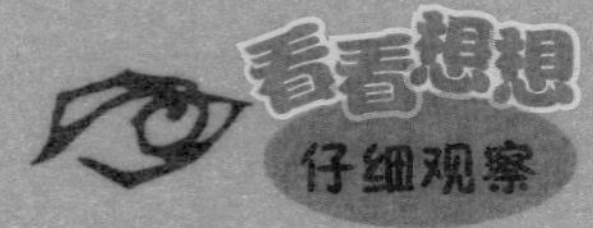

不论你的故事和我的故事怎么不同，都是文字写下来的故事。如何用绘画来讲述这个故事呢？让我们仔细欣赏一幅1500年前的壁画《九色鹿的故事》。

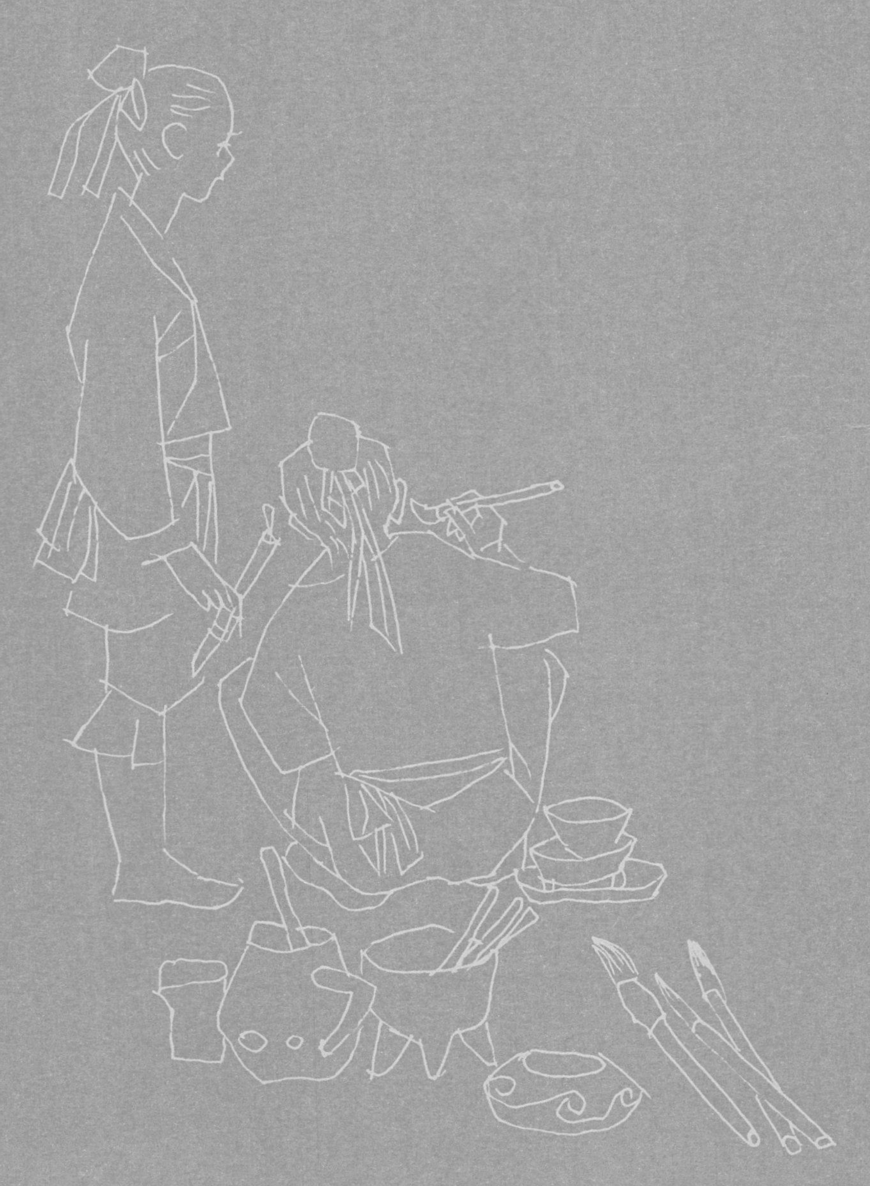

有一群聪明灵巧的画工

1500年前，公元5世纪时，聪明灵巧的中国画师和画工们，

在敦煌莫高窟的墙壁上描画出了这个美丽的故事。

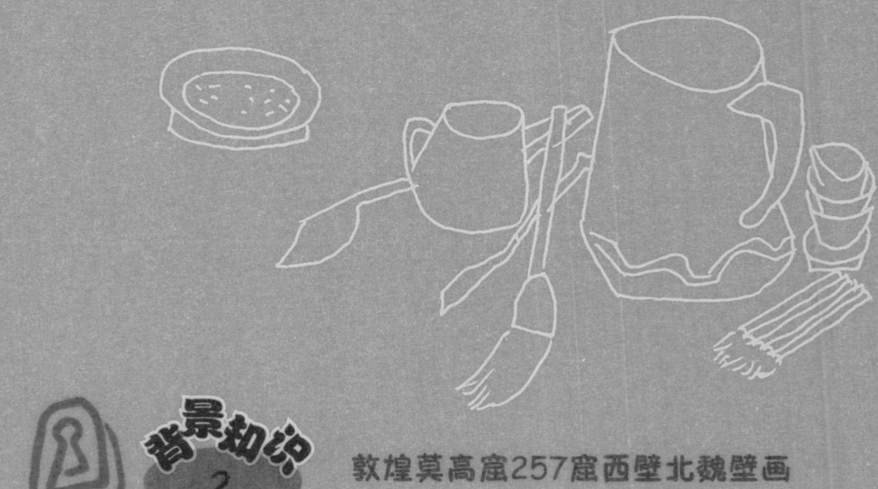

敦煌莫高窟257窟西壁北魏壁画

有一群聪明灵巧的画工

1500年前，公元5世纪时，聪明灵巧的中国画师和画工们，

在敦煌莫高窟的墙壁上描画出了这个美丽的故事。

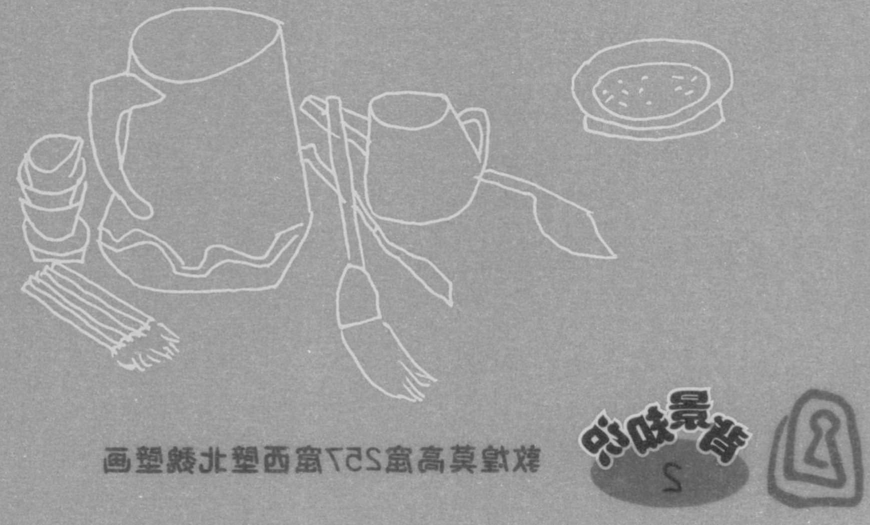

背景知识 2

敦煌莫高窟257窟西壁北魏壁画

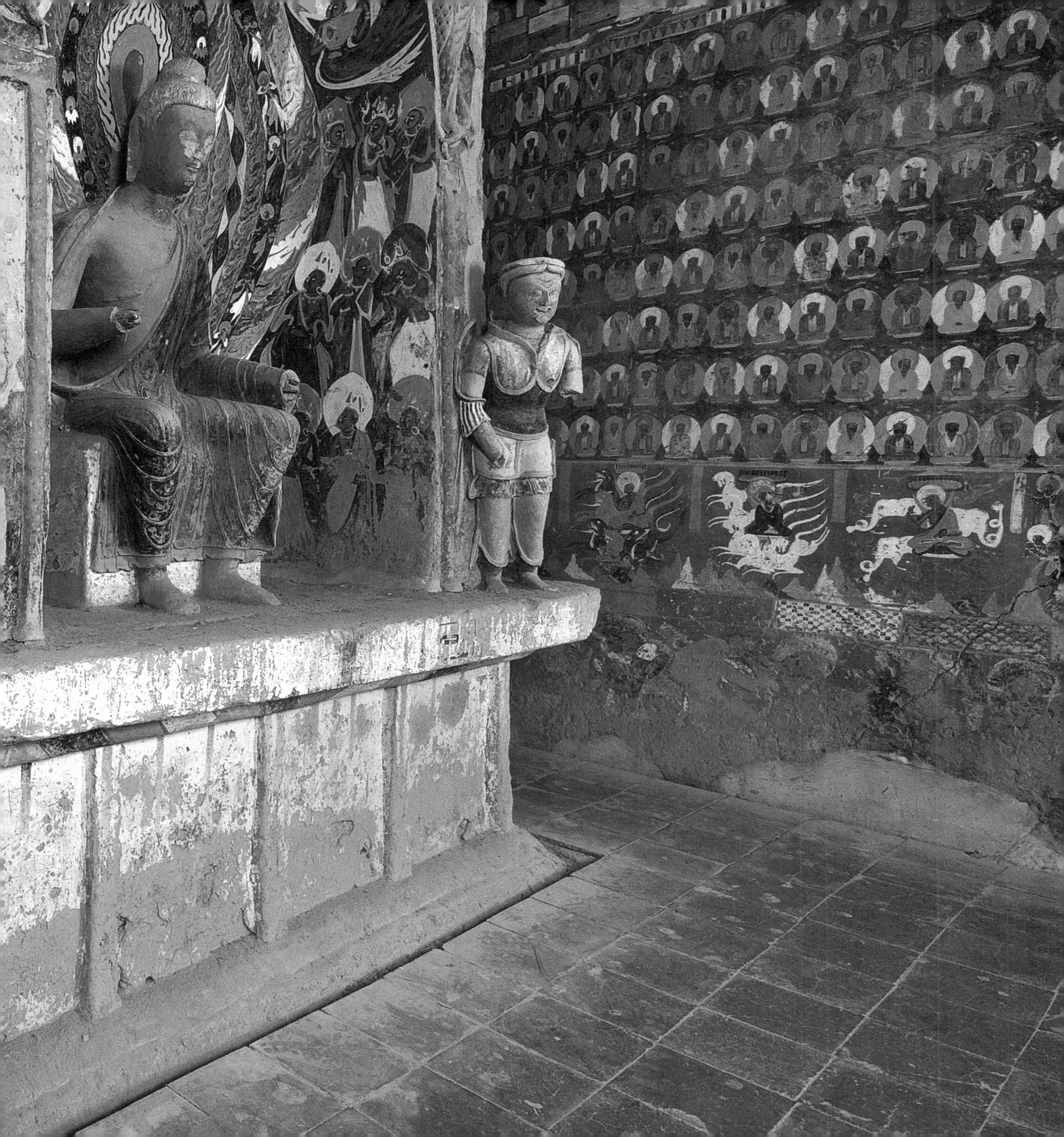

敦煌莫高窟257窟西壁北魏壁画

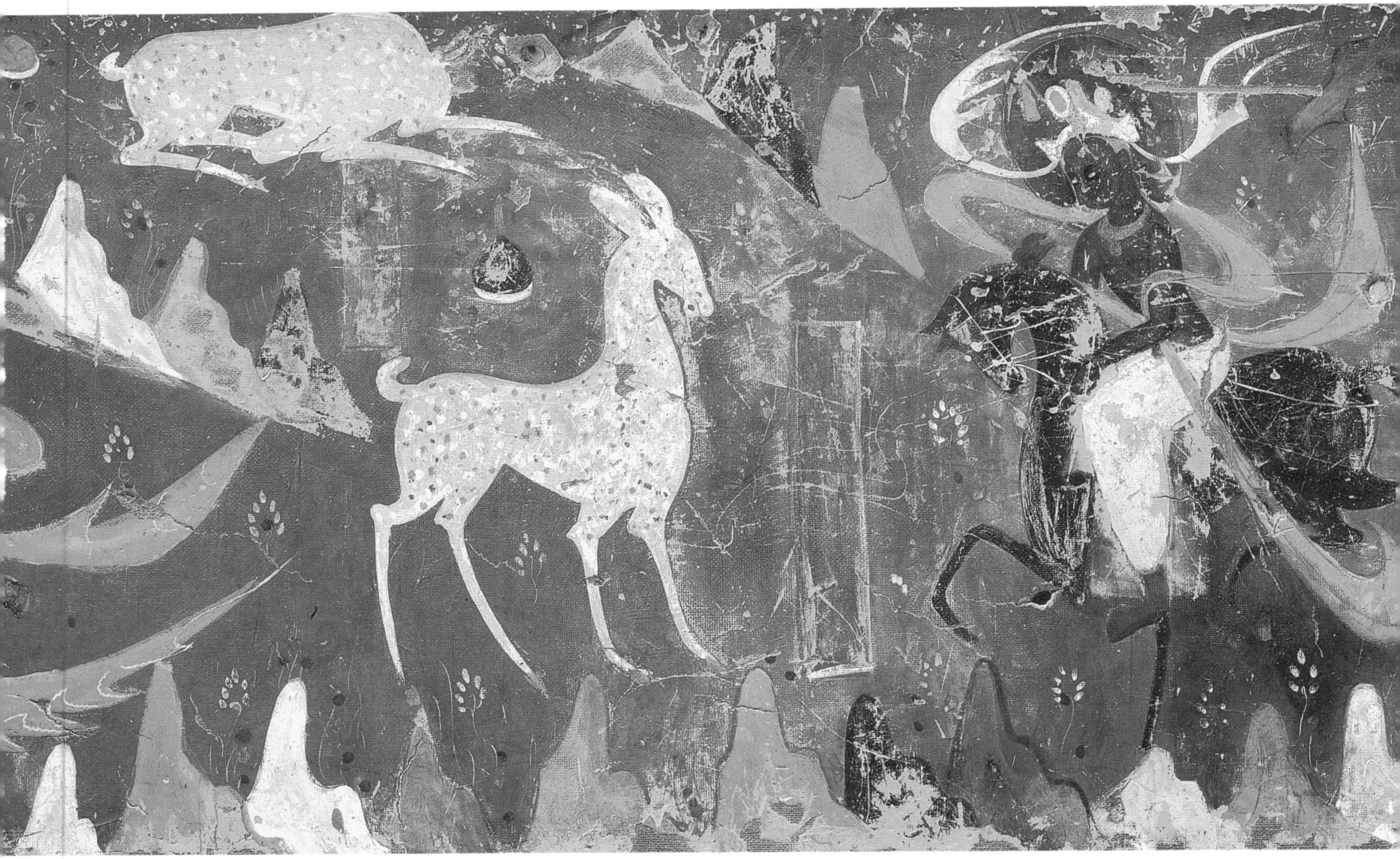

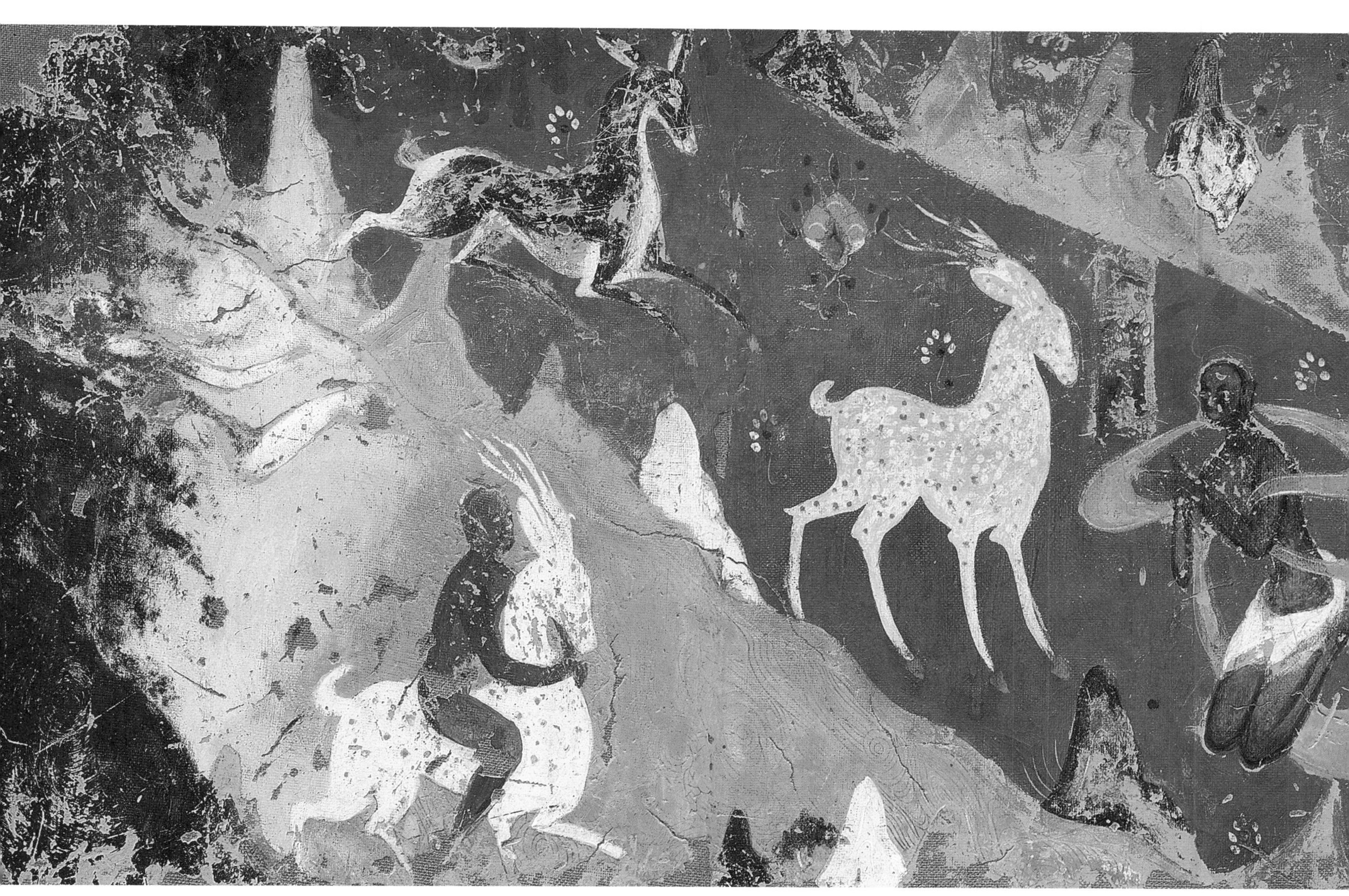

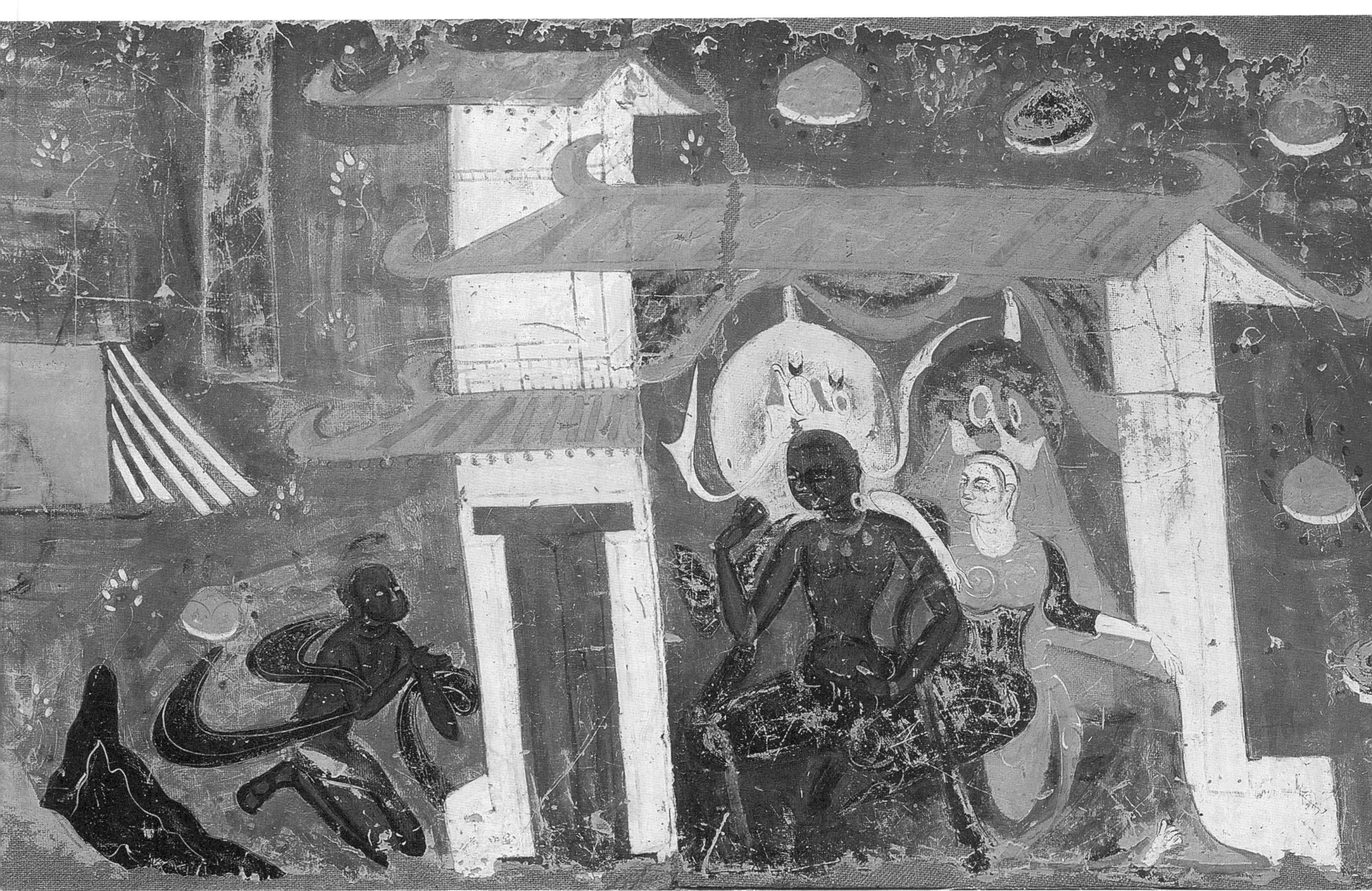

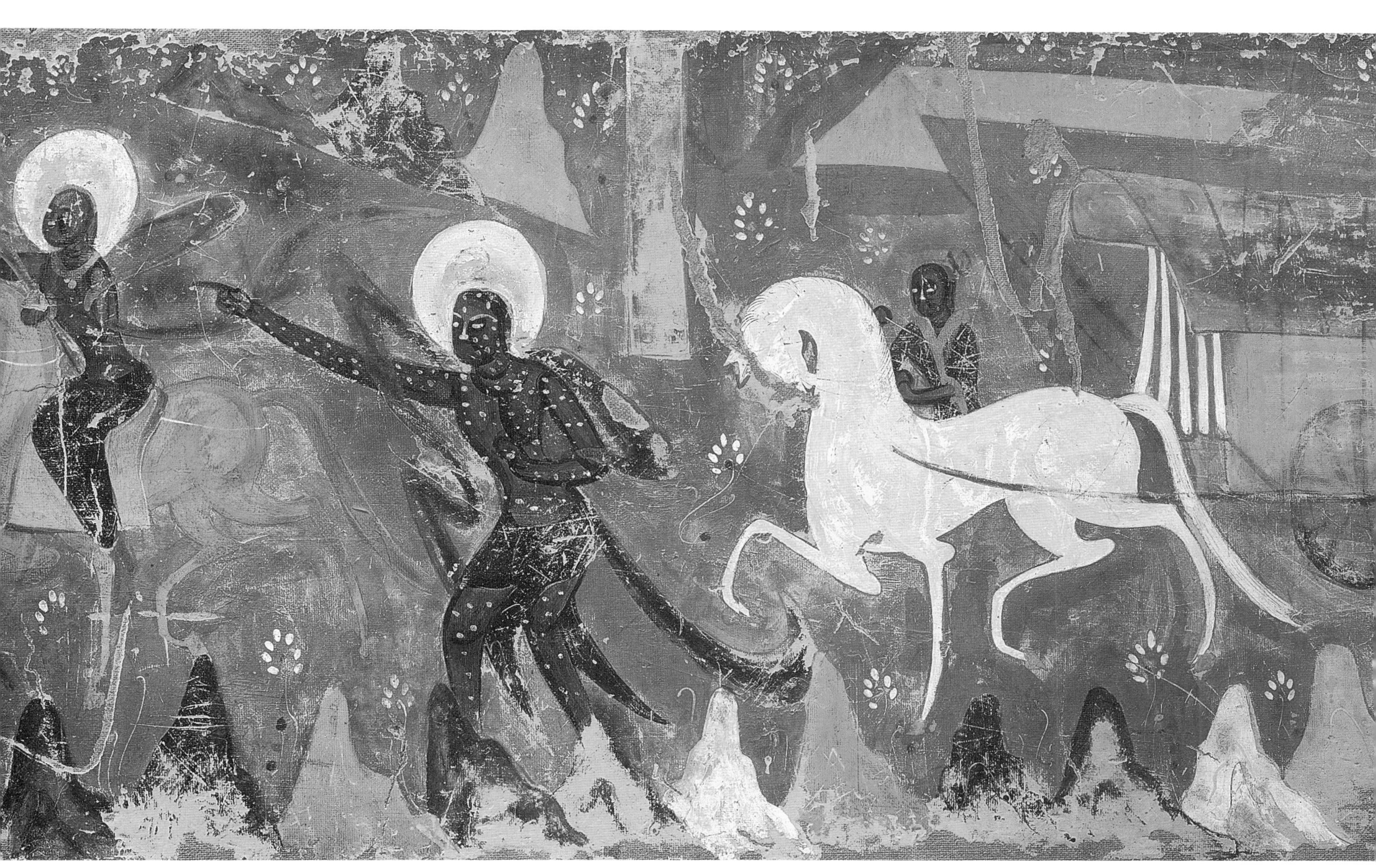

内容分析1

仔细观察画面上五只鹿，它们是代表同一只九色鹿吗？为什么？

描述每只小鹿在做什么、它给你什么不同的感受？

请按照箭头的顺序回忆故事情节的发展。

为什么只有一只小鹿是黑色的，而且它的形象还完全不同呢？

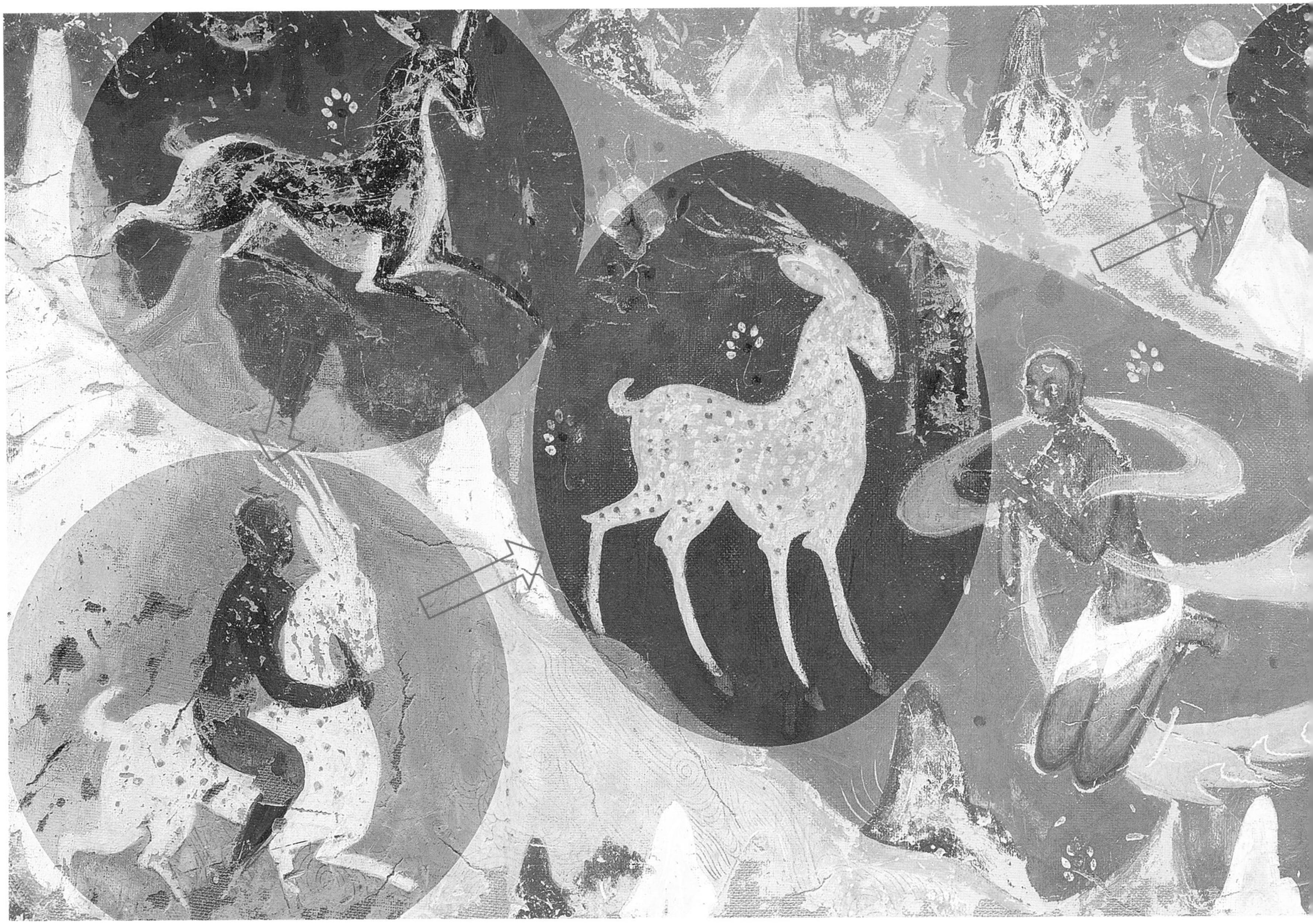

我的看法

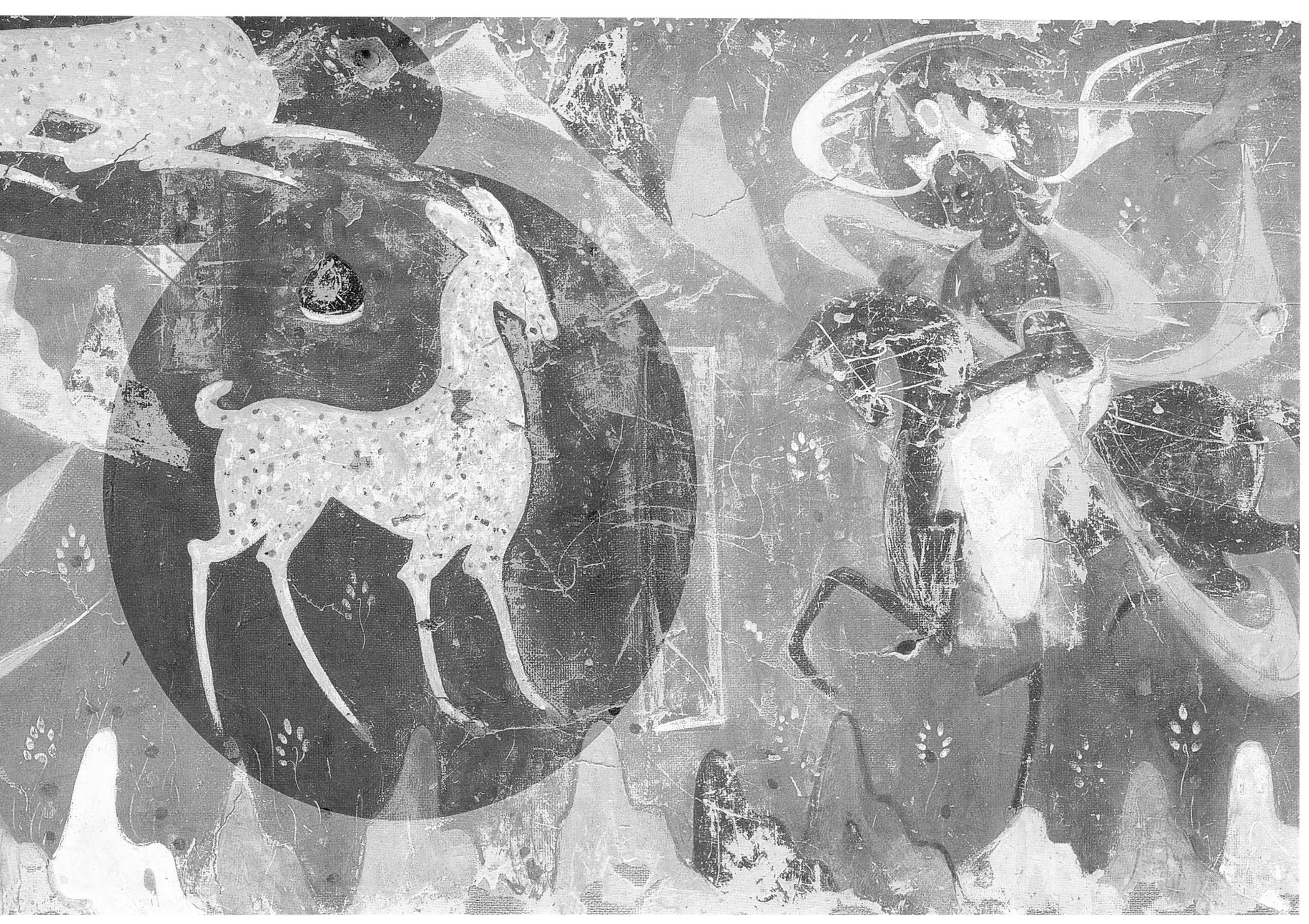

内容分析2

仔细描述王后的坐姿、双手和脸部表情，比较国王的动作。

他们俩人在想什么？

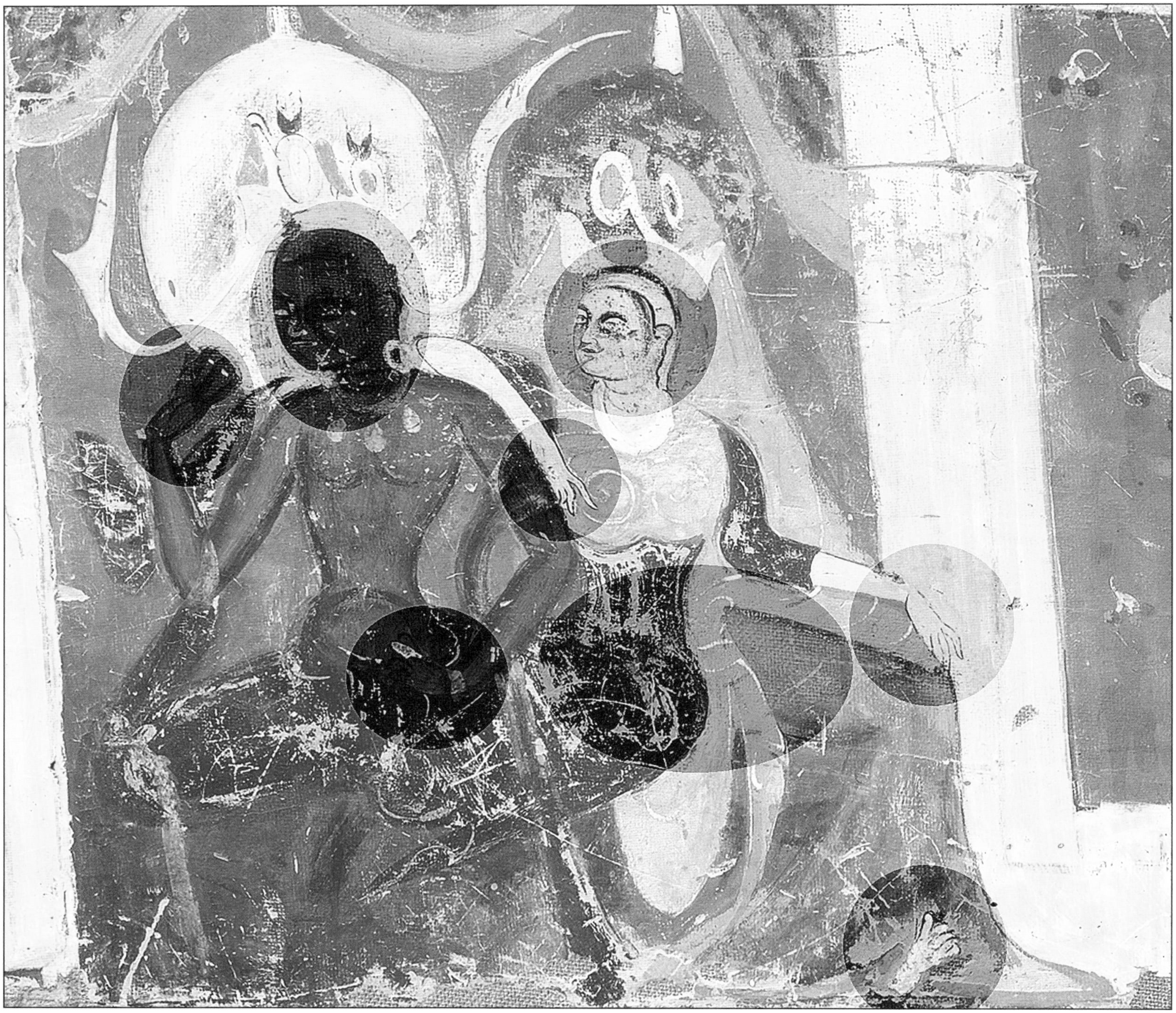

内容分析3

仔细观察落水人在不同场合的动作，他在做什么？

他的行为有哪些不同之处？有哪些类似之处？

举手指鹿的落水人的头上为什么有光环呢？

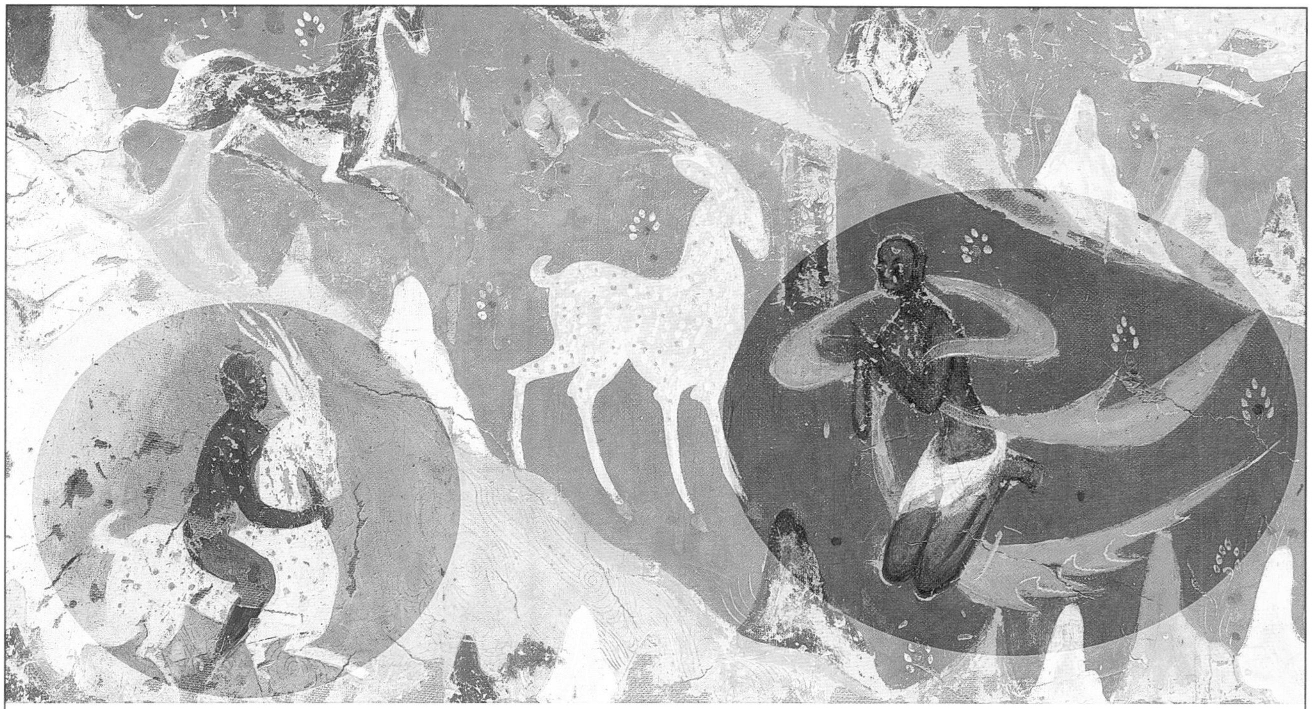

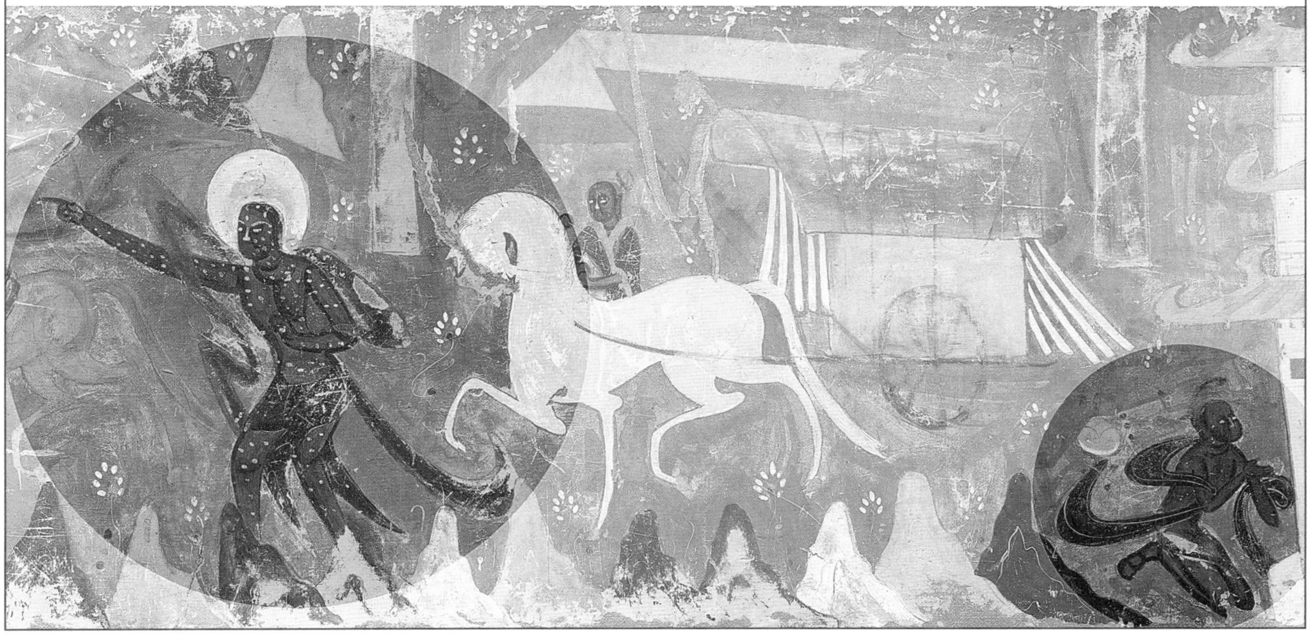

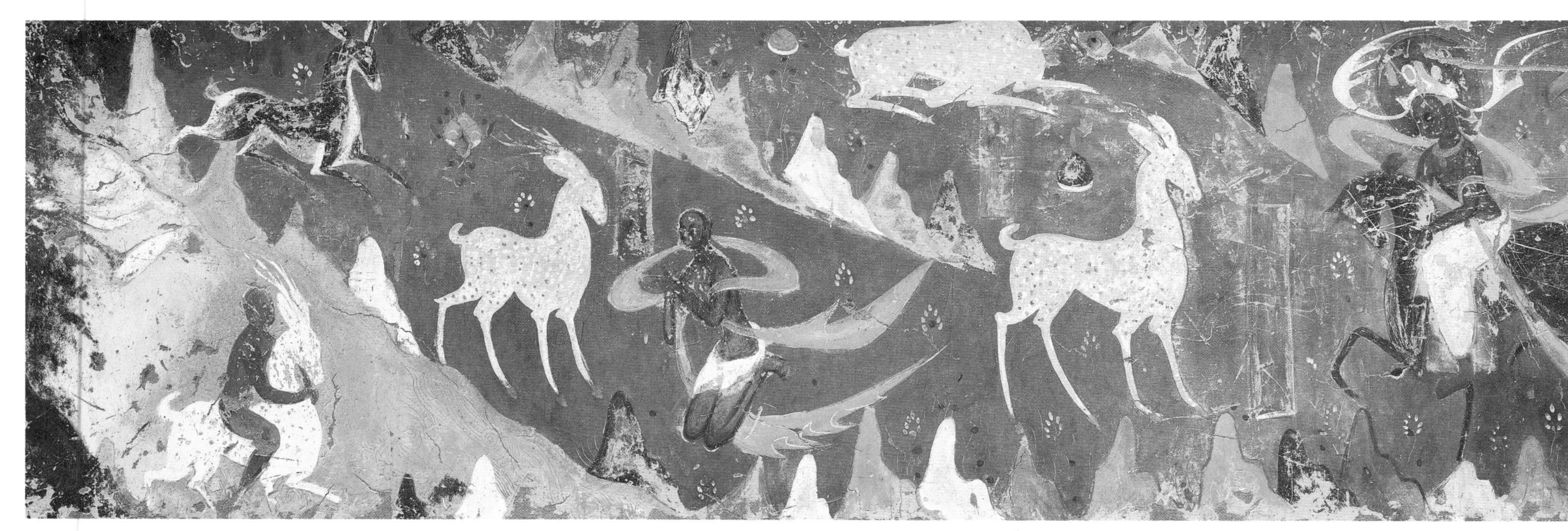

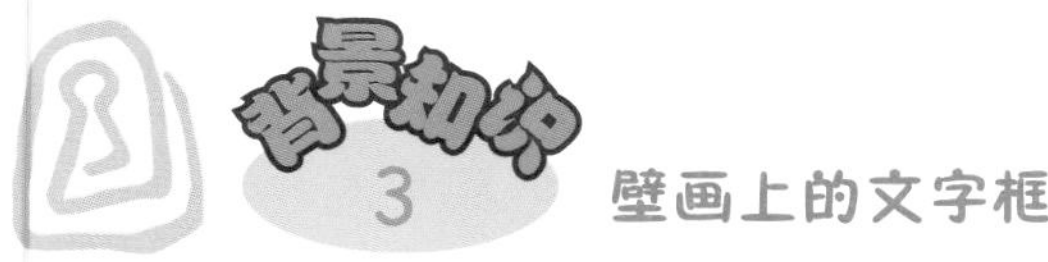

背景知识 3 壁画上的文字框

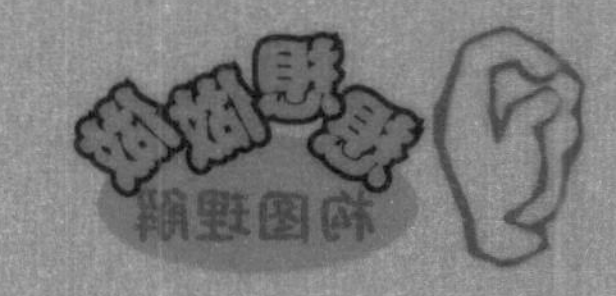

壁画叙事方式理解

1.现在，你能从画中辨认出故事的各个情节了吗？请你参考右页的文字提示，选择最恰当的短语，概括情节片段，并写入相关情节旁边的长方形框框中。

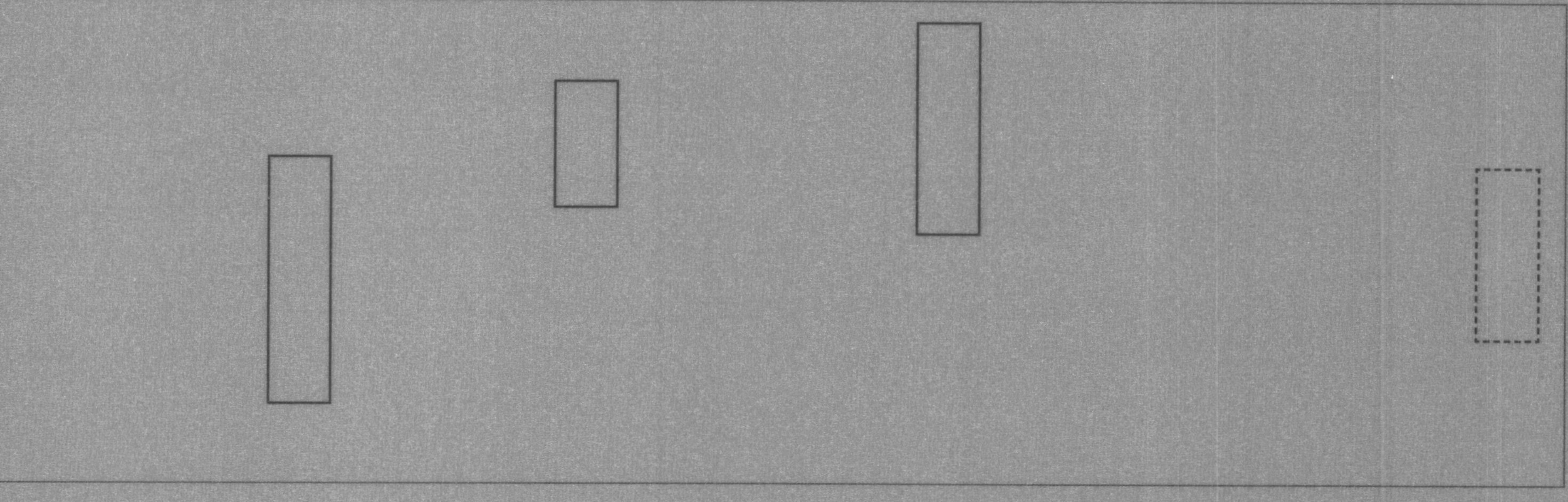

2.你能用箭头标出故事发展的顺序吗？请将方向正确的箭头用红色涂实。

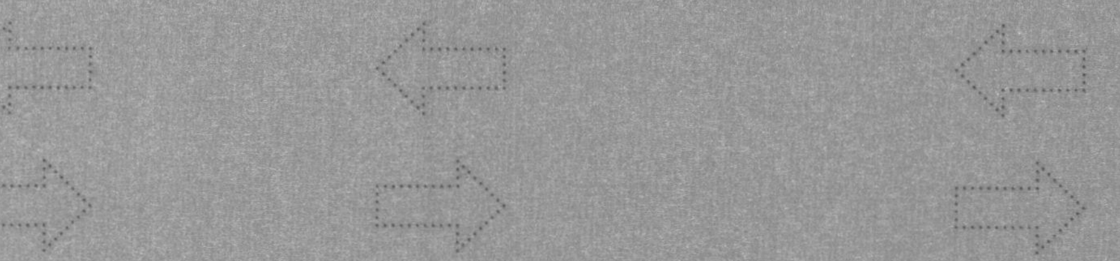

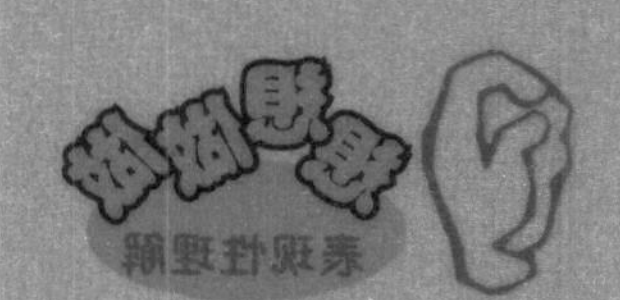

壁画表现性理解

如果用一个词来概括九色鹿、国王、王后、落水人所象征的人格品质，你会用什么词呢？

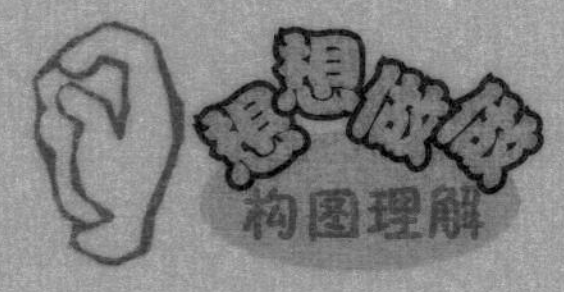

壁画叙事方式理解

1.现在，你能从画中辨认出故事的各个情节了吗？请你参考右页的文字提示，选择最恰当的短语，概括情节片段，并写入相关情节旁边的长方形框框中。

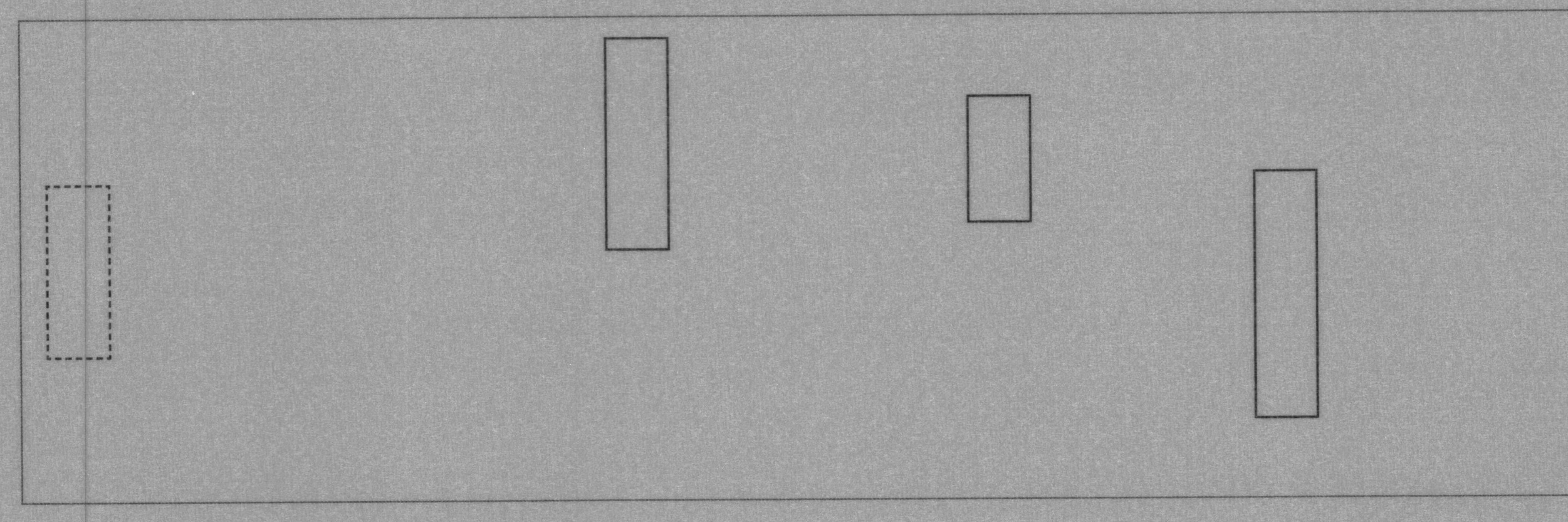

2.你能用箭头标出故事发展的顺序吗？请将方向正确的箭头用红色涂实。

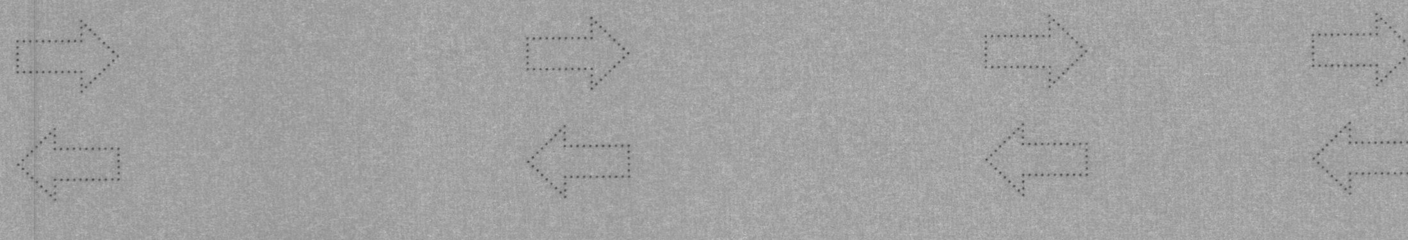

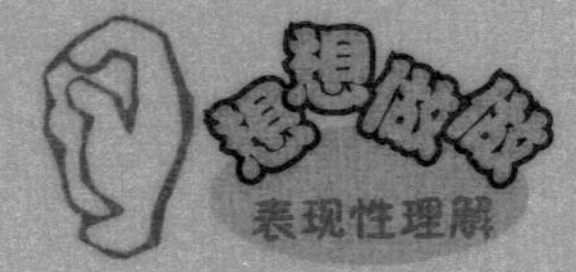

壁画表现性理解

如果用一个词来概括九色鹿、国王、王后、落水人所象征的人格品质，你会用什么词呢？

1. 鹿在河边嬉戏
2. 鹿救落水人
3. 落水人跪地谢鹿
4. 落水人向国王告密
5. 落水人举手指鹿
6. 鹿向国王诉说原委

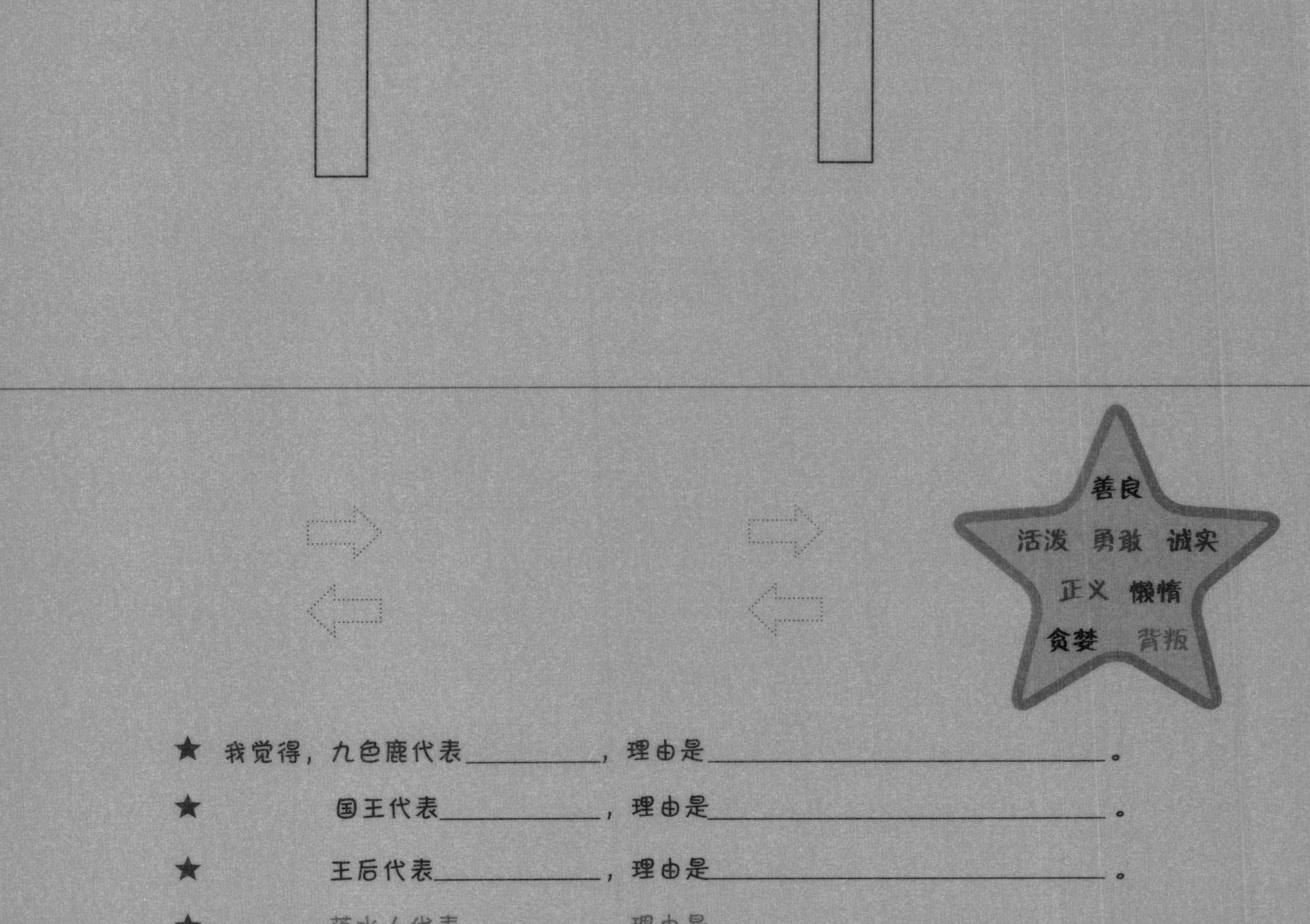

★ 我觉得，九色鹿代表__________，理由是____________________________。

★ 国王代表__________，理由是____________________________。

★ 王后代表__________，理由是____________________________。

★ 落水人代表__________，理由是____________________________。

1. 鹿在河边嬉戏
2. 鹿救落水人
3. 落水人跪地谢鹿
4. 落水人向国王告密
5. 落水人举手指鹿
6. 鹿向国王诉说原委

善良
活泼 勇敢 诚实
正义 懒惰
贪婪 背叛

★ 我觉得，九色鹿代表________，理由是________________________。

★ 国王代表________，理由是________________________。

★ 王后代表________，理由是________________________。

★ 落水人代表________，理由是________________________。

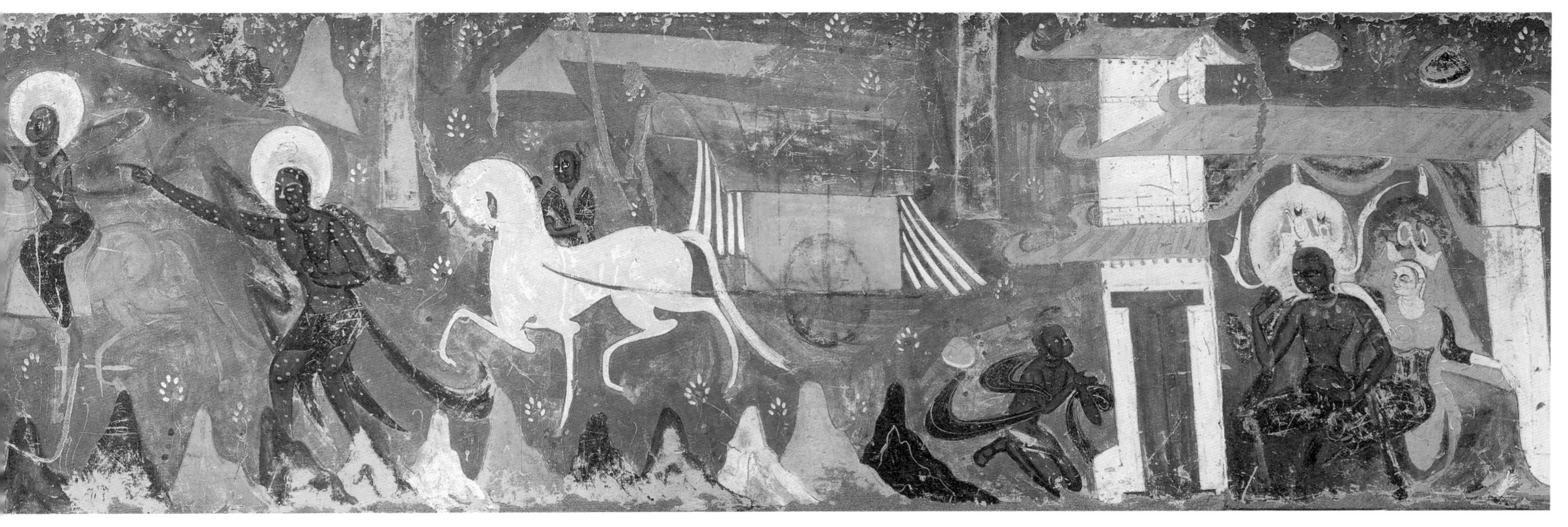

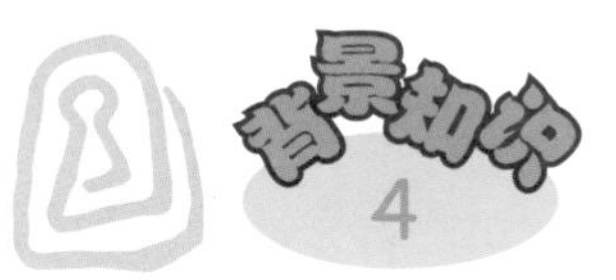

绘画的叙事方式/构图方式比较：印度多情节单幅构图、克孜尔单情节单幅构图、敦煌莫高窟横幅式连环画构图

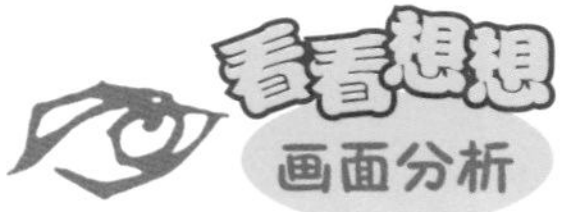

色彩分析

这幅画的色彩如何？

数数看画面用了几种颜色？

你喜欢吗？为什么？

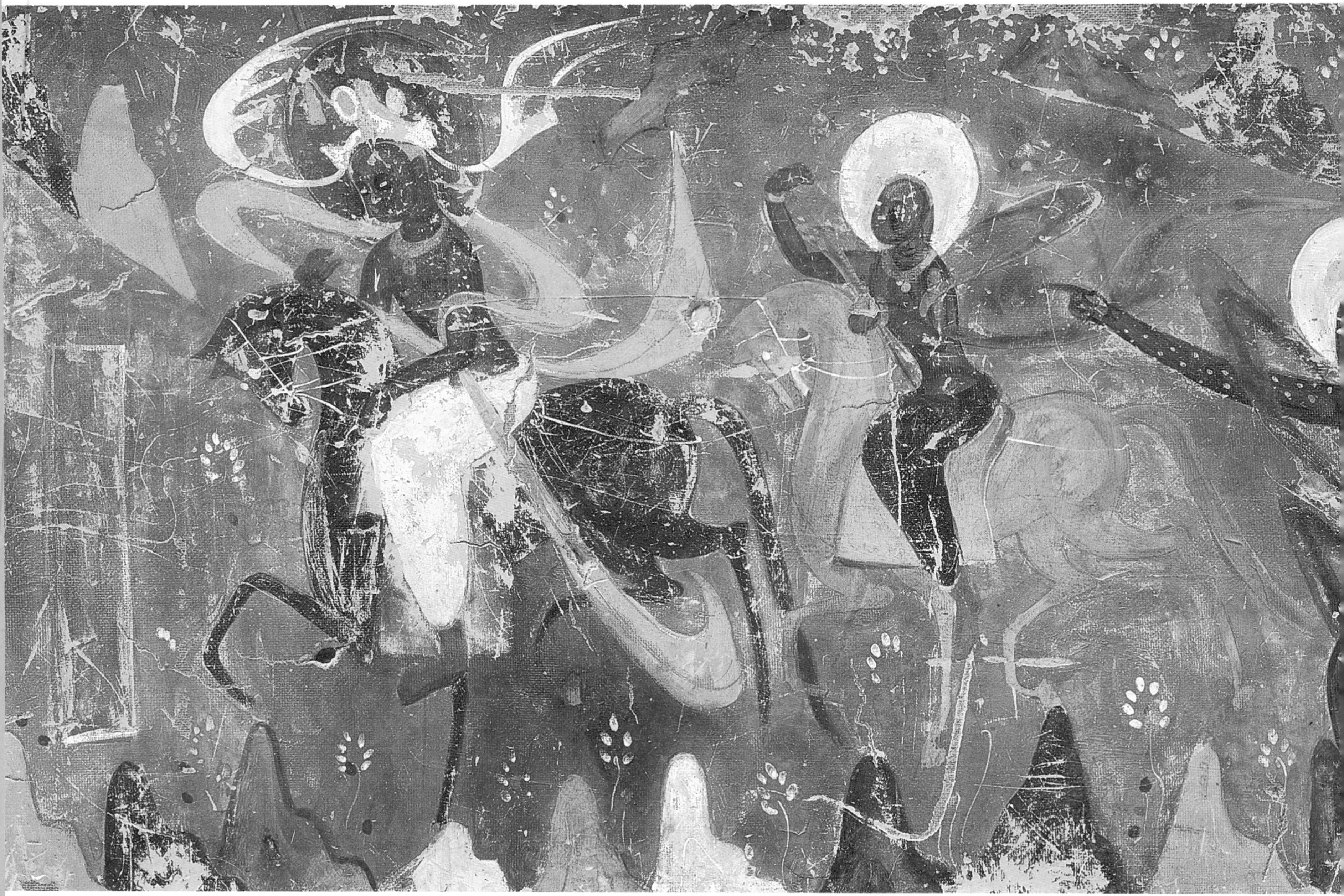

让我们试着归纳一下画面的几种主要颜色。

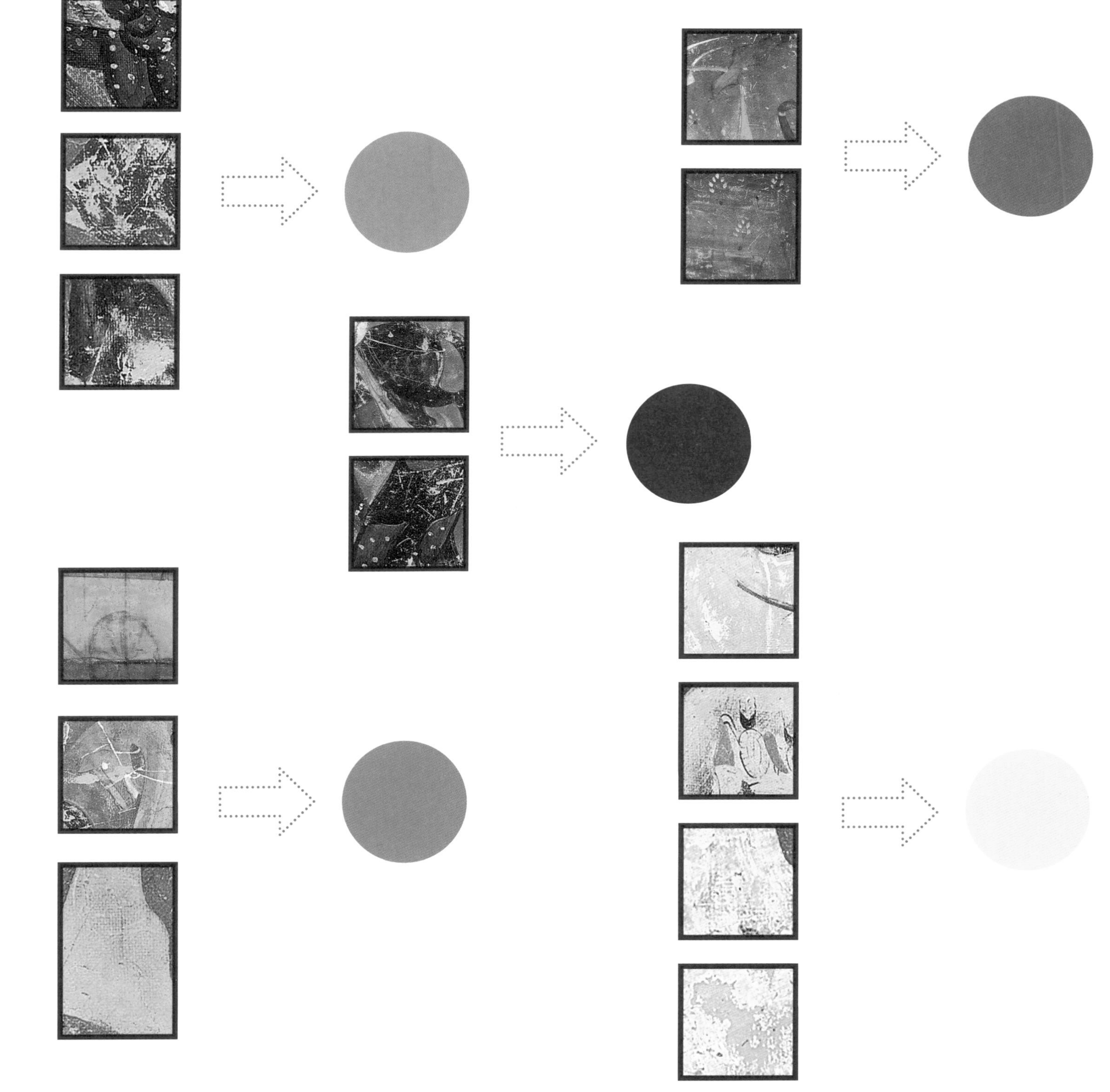

造型分析

想象一下，如果用前面概括出的五种颜色分别平涂每个形象，会是什么结果？你觉得画上的形象难画吗？难在哪儿？

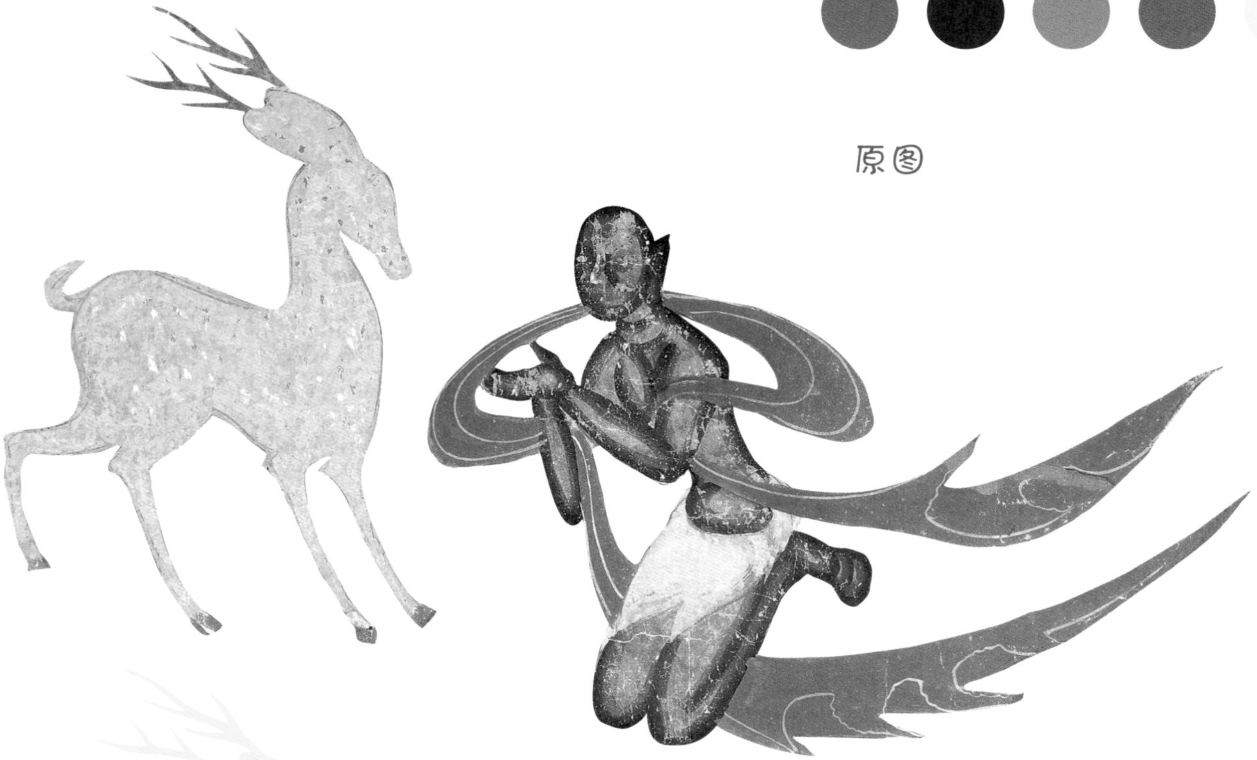

原图

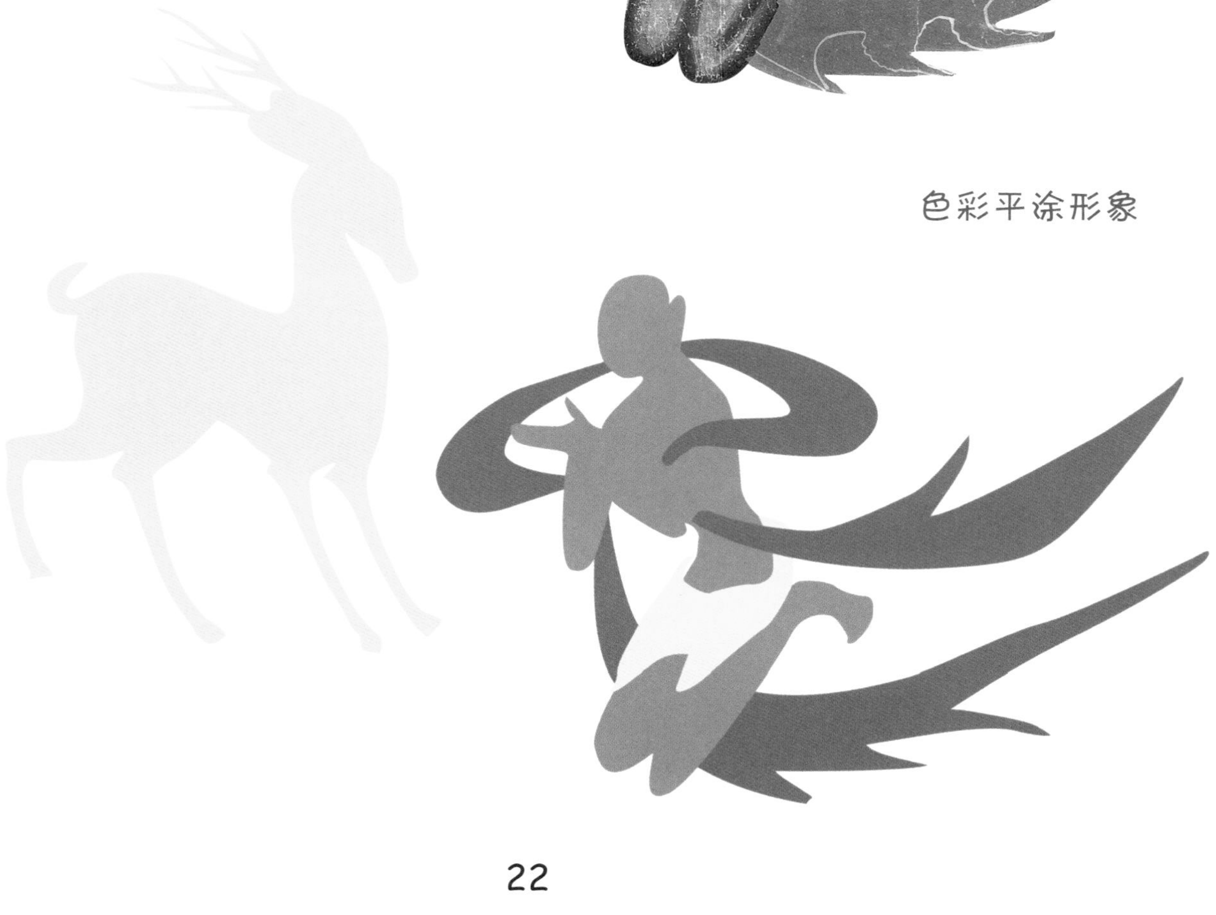

我的看法

色彩平涂形象

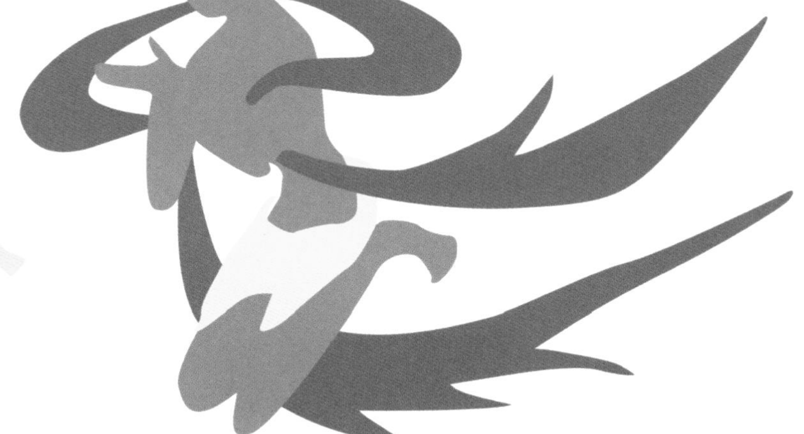

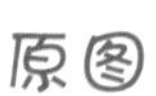

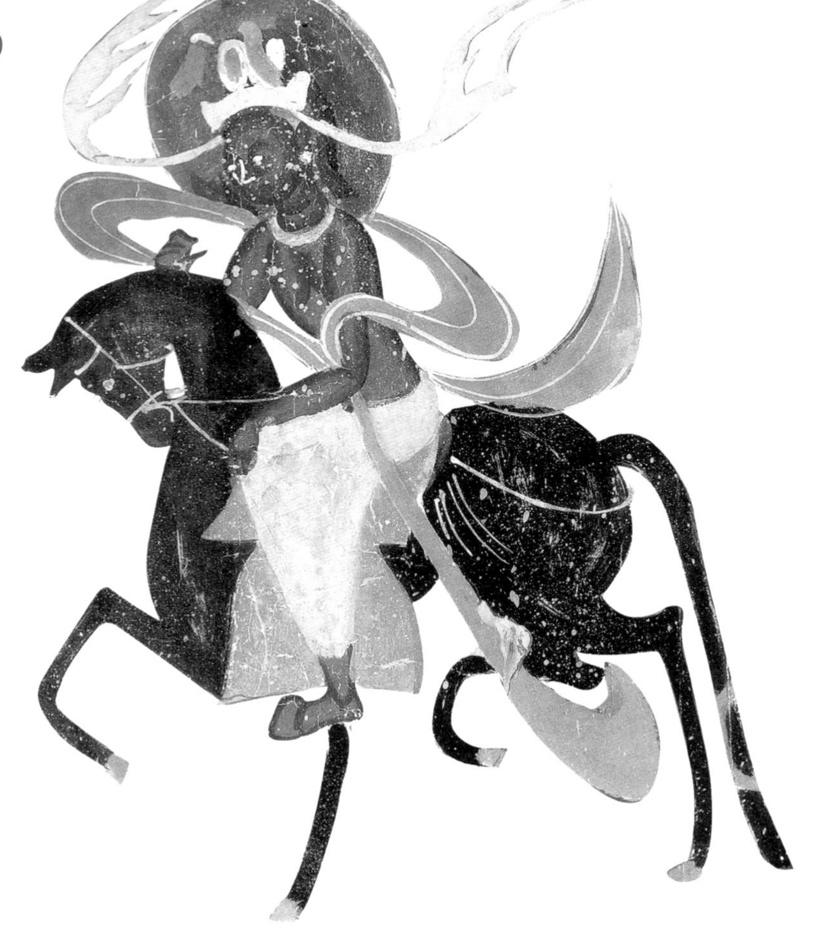

色彩平涂形象

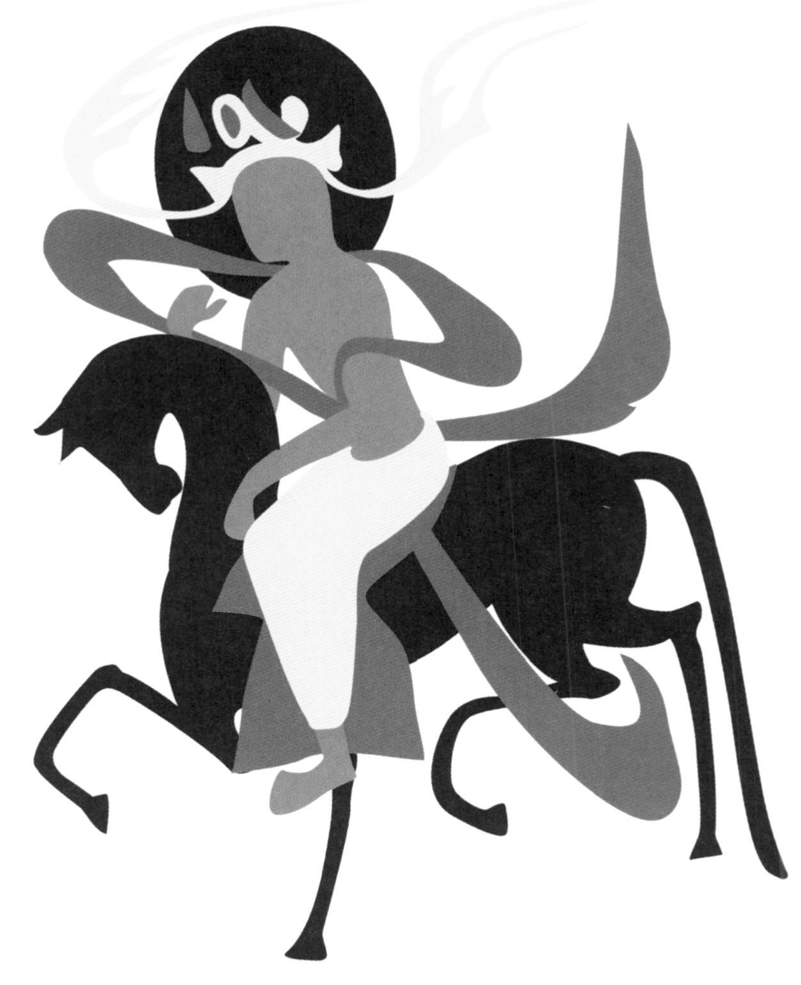

你觉得原有的形象变得

难以辨认了吗?

如果不是，为什么呢?

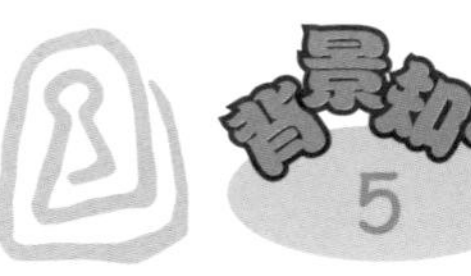

剪影式造型:

手影、皮影、剪纸、纸浮雕

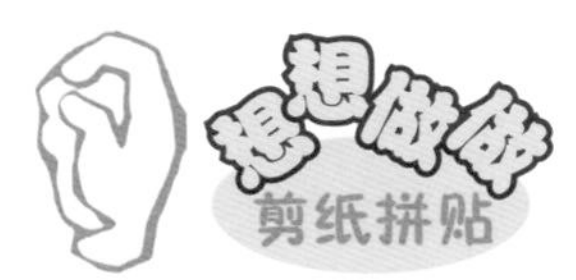

用剪纸拼贴我的《九色鹿的故事》

你能用剪纸拼贴的方式，重构一件《九色鹿的故事》吗？

剪纸拼贴效果图

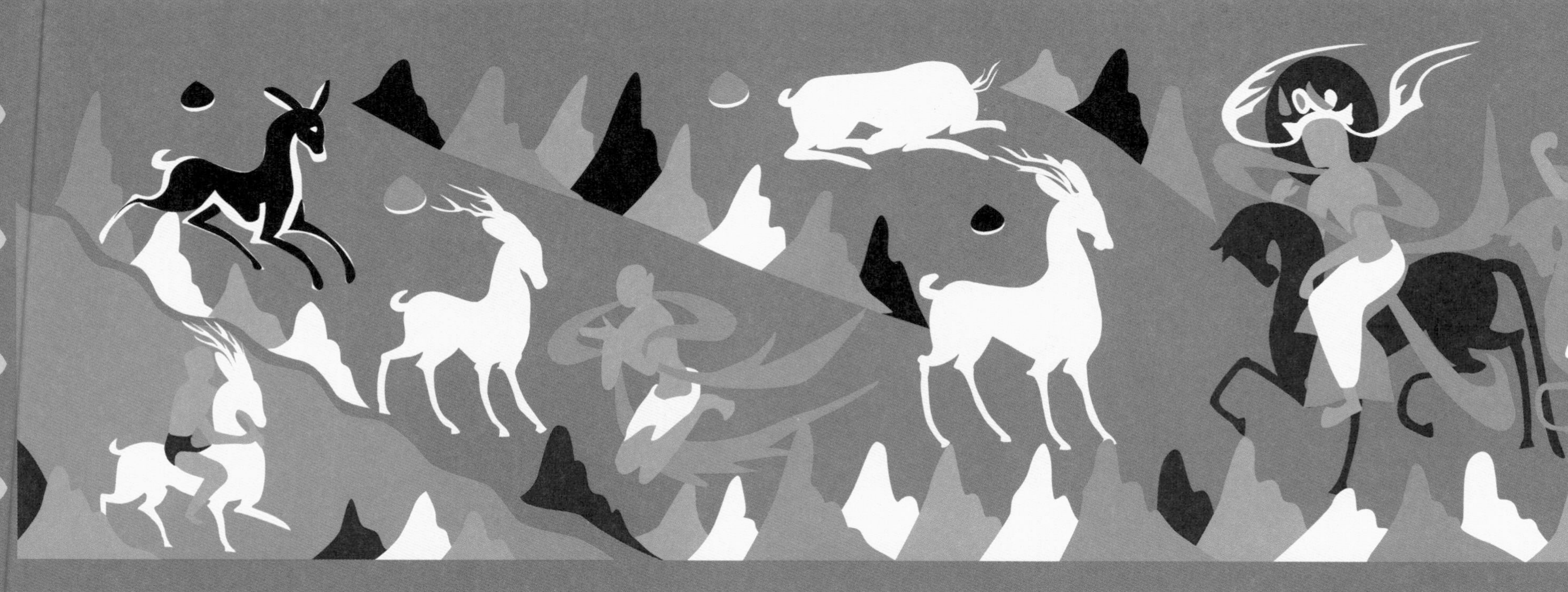

剪贴步骤：

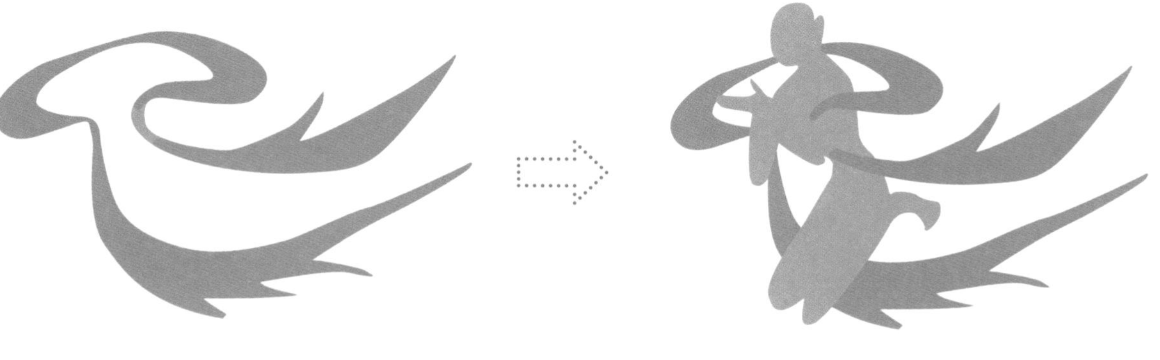

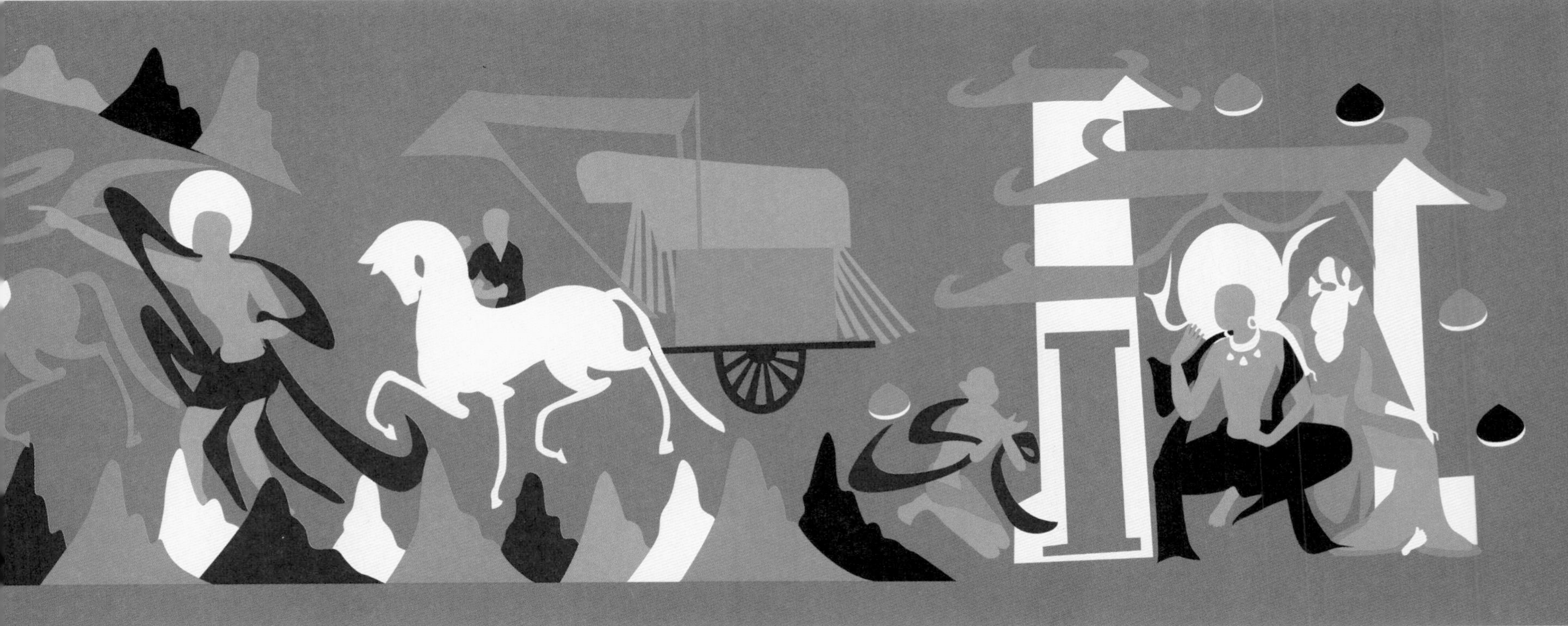

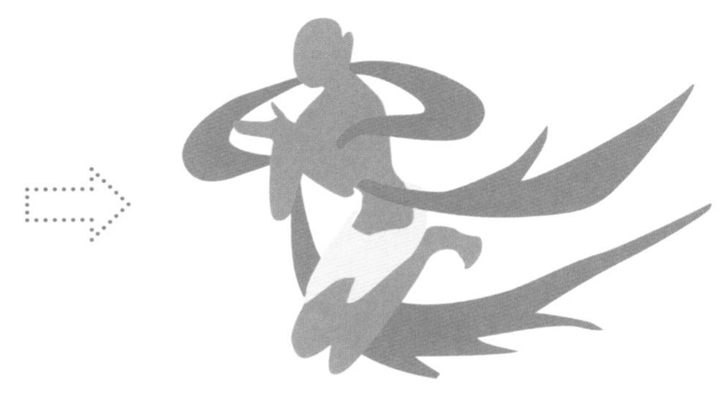

❸

剪贴材料： 见后页绿、白、黑、灰彩色纸。

贴在哪里？ 贴在后页红底折叠页上。

我的剪贴工具、材料

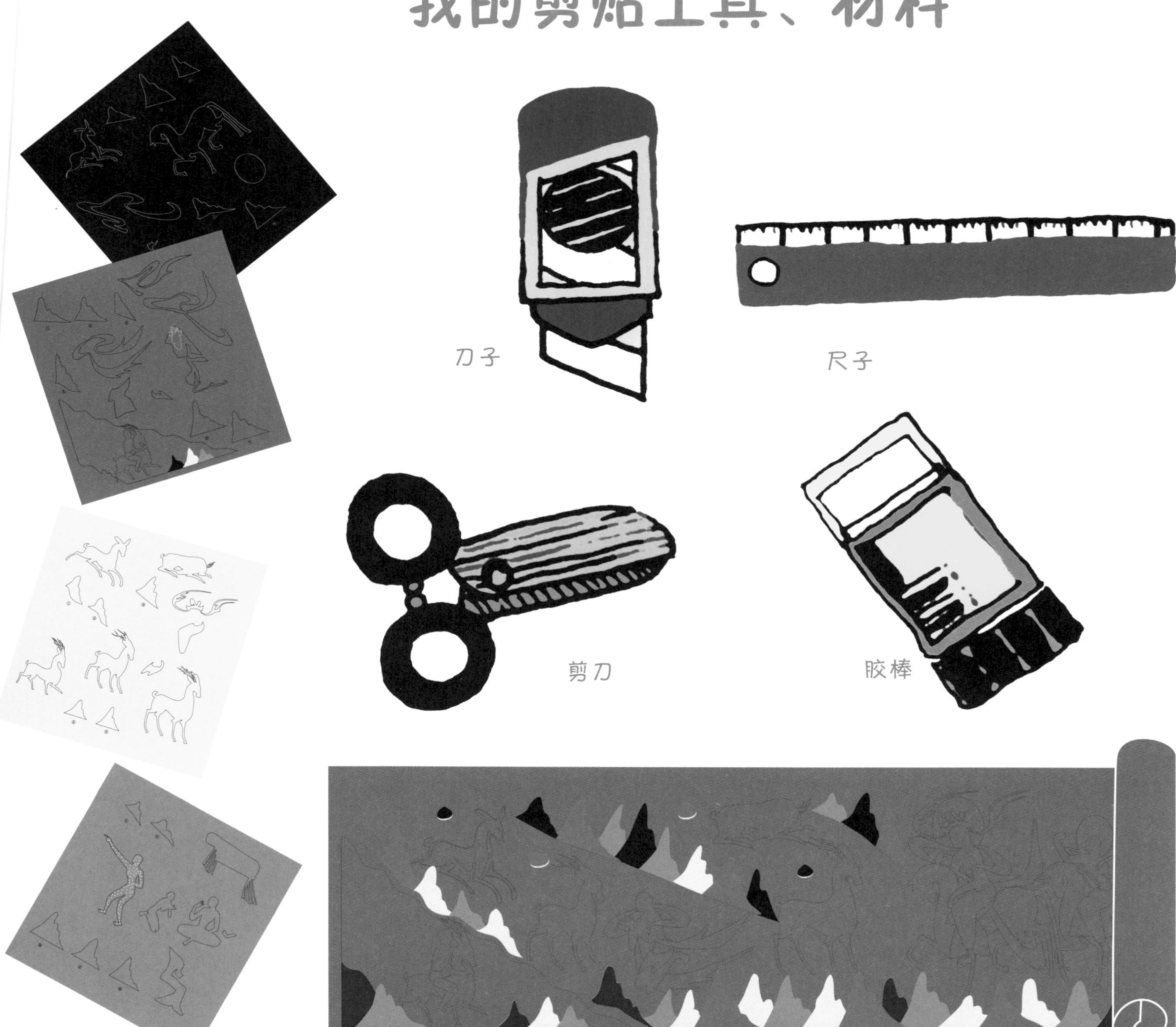

见本书后页红底折叠页

见后页绿、白、黑、灰彩色纸

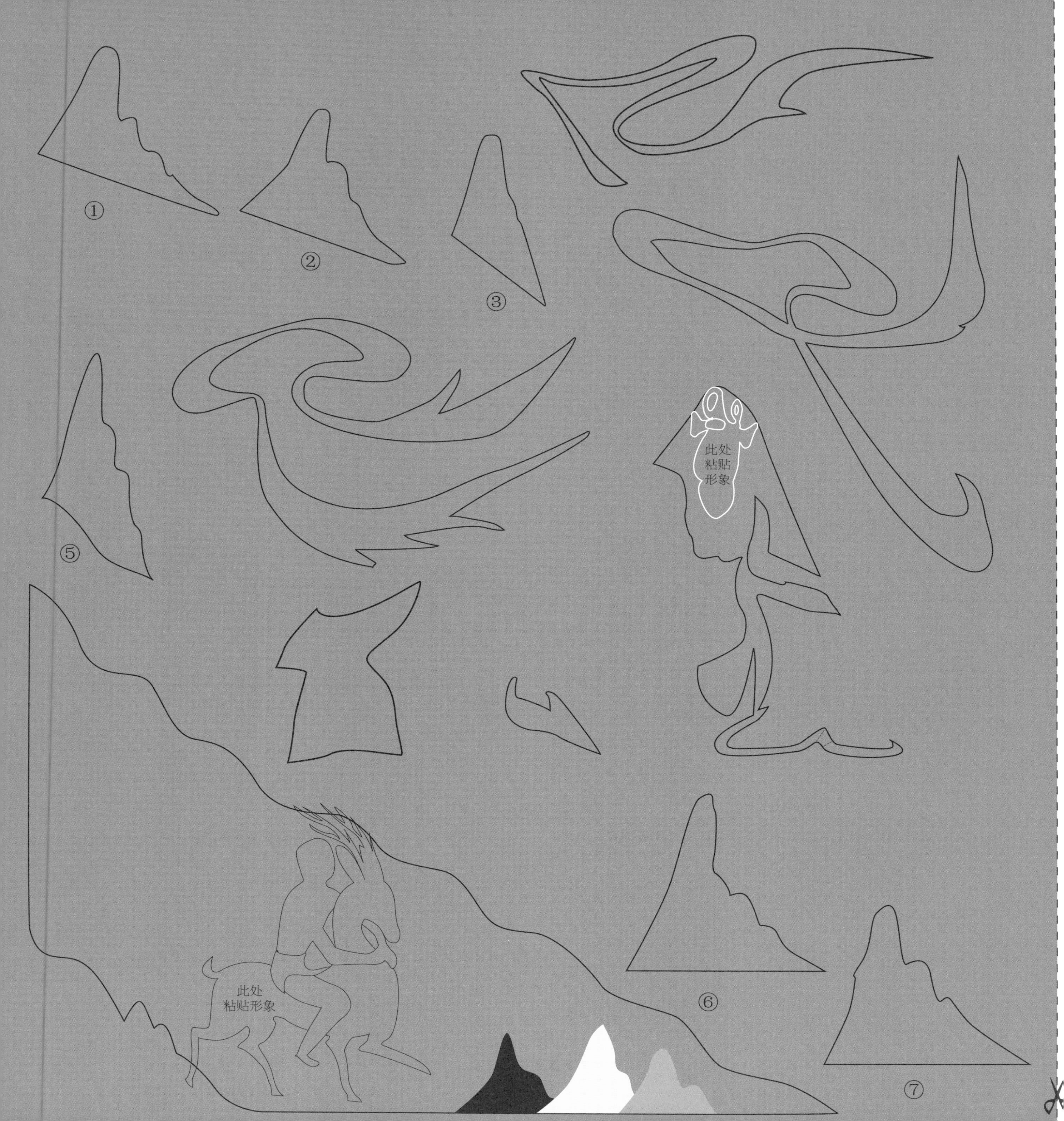
①
②
③
⑤
此处
粘贴
形象
⑥
⑦
此处
粘贴形象

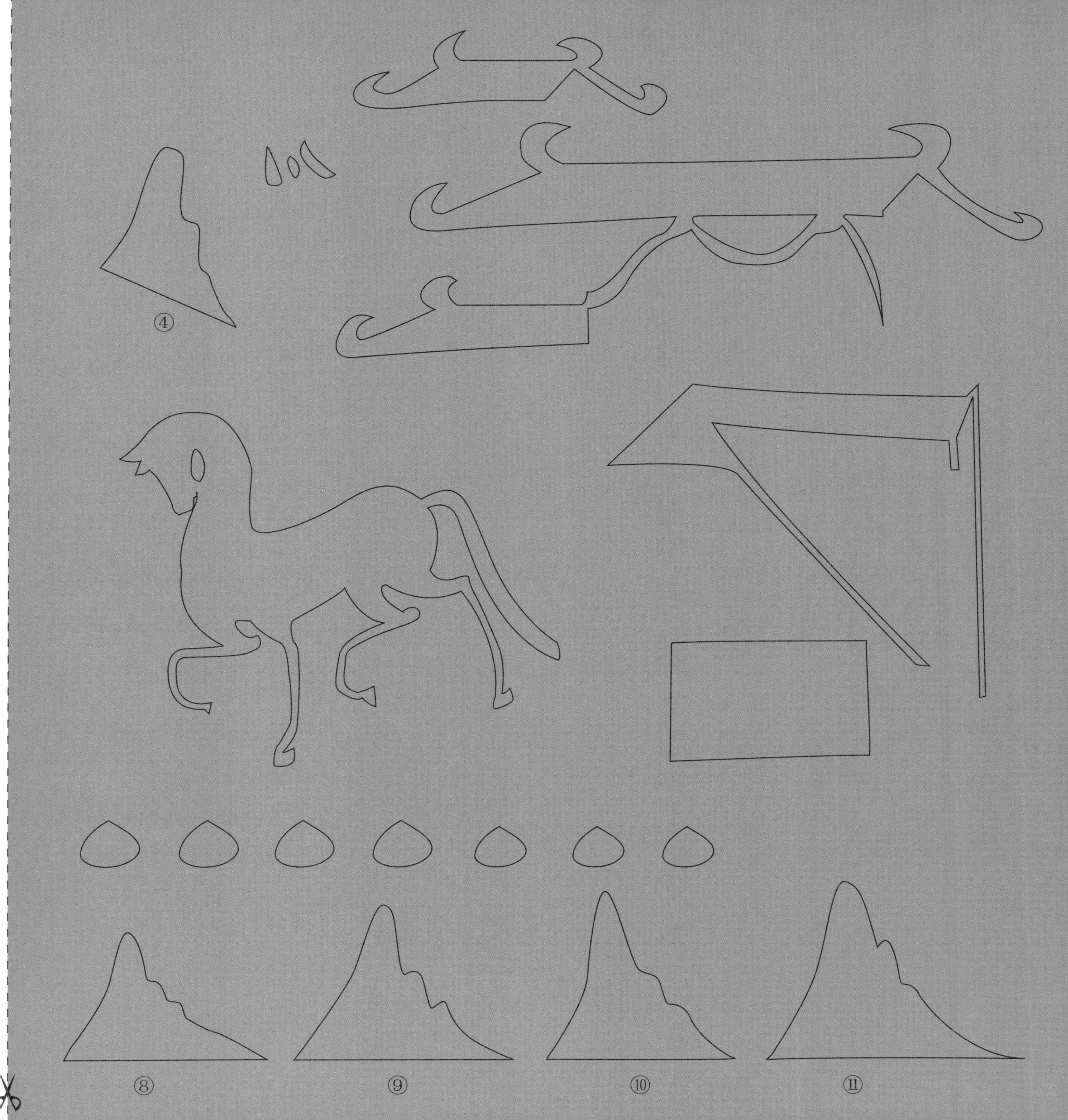
④
⑧
⑨
⑩
⑪

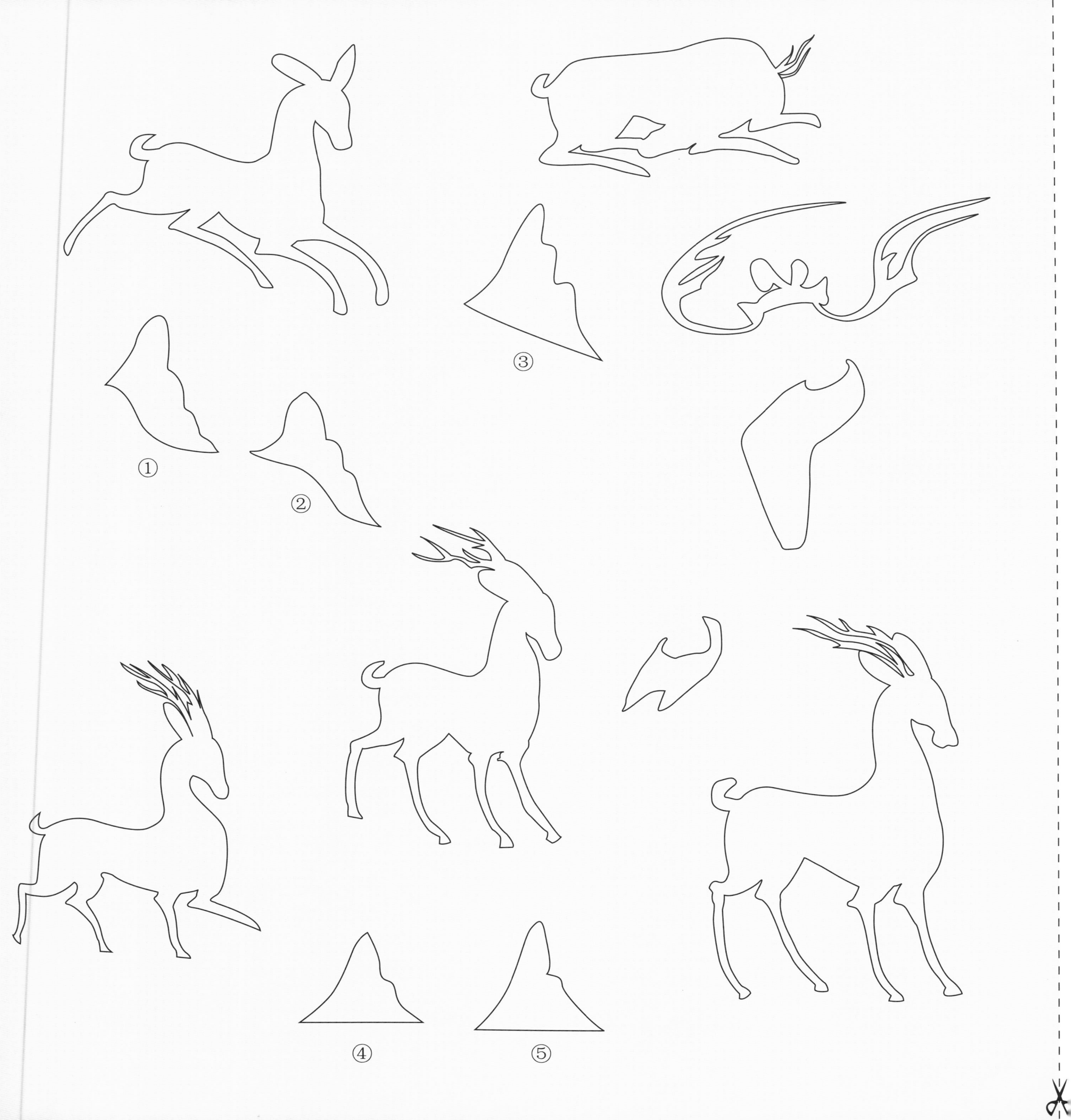
③
①
②
④
⑤

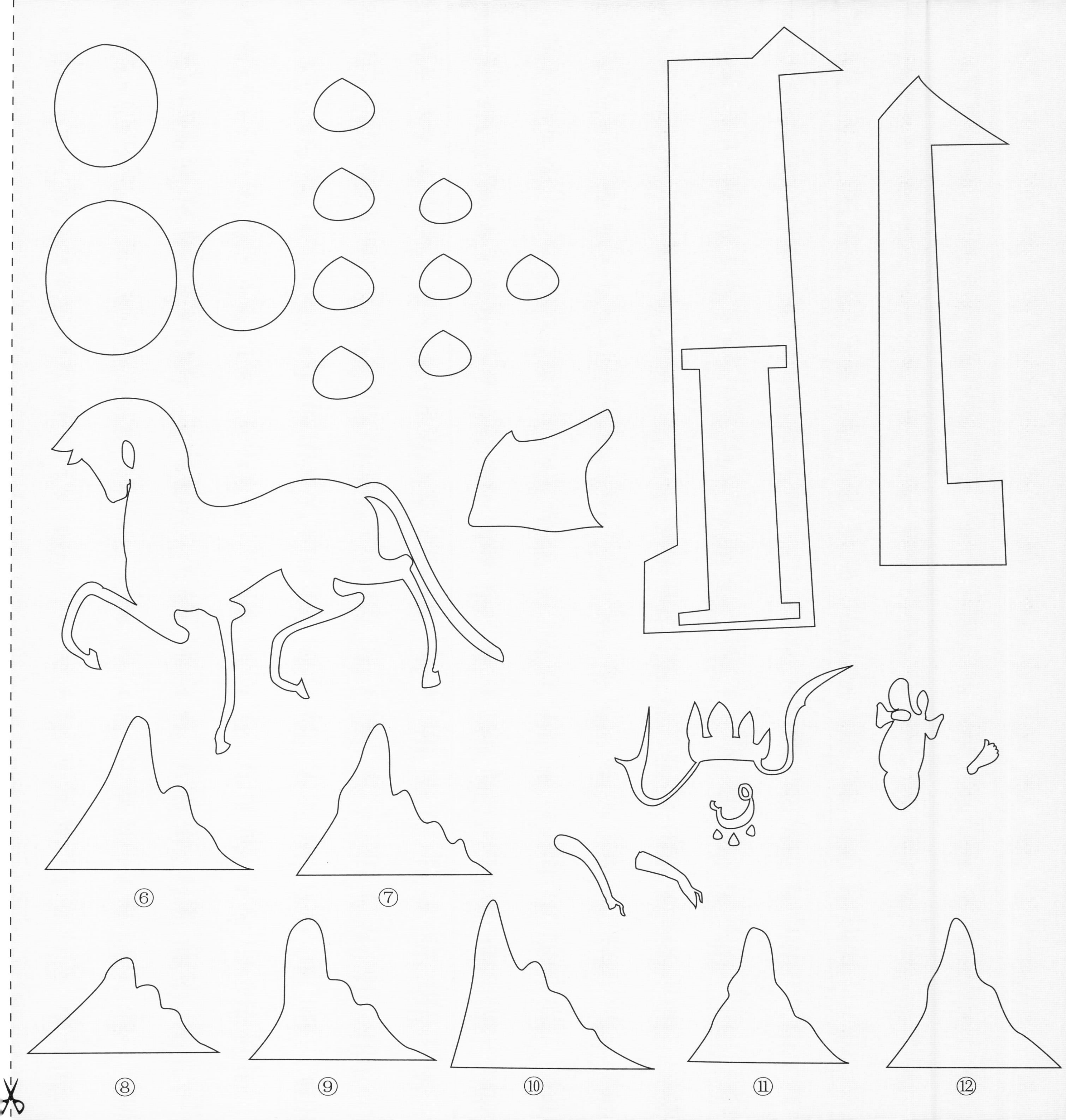
⑥
⑦
⑧
⑨
⑩
⑪
⑫

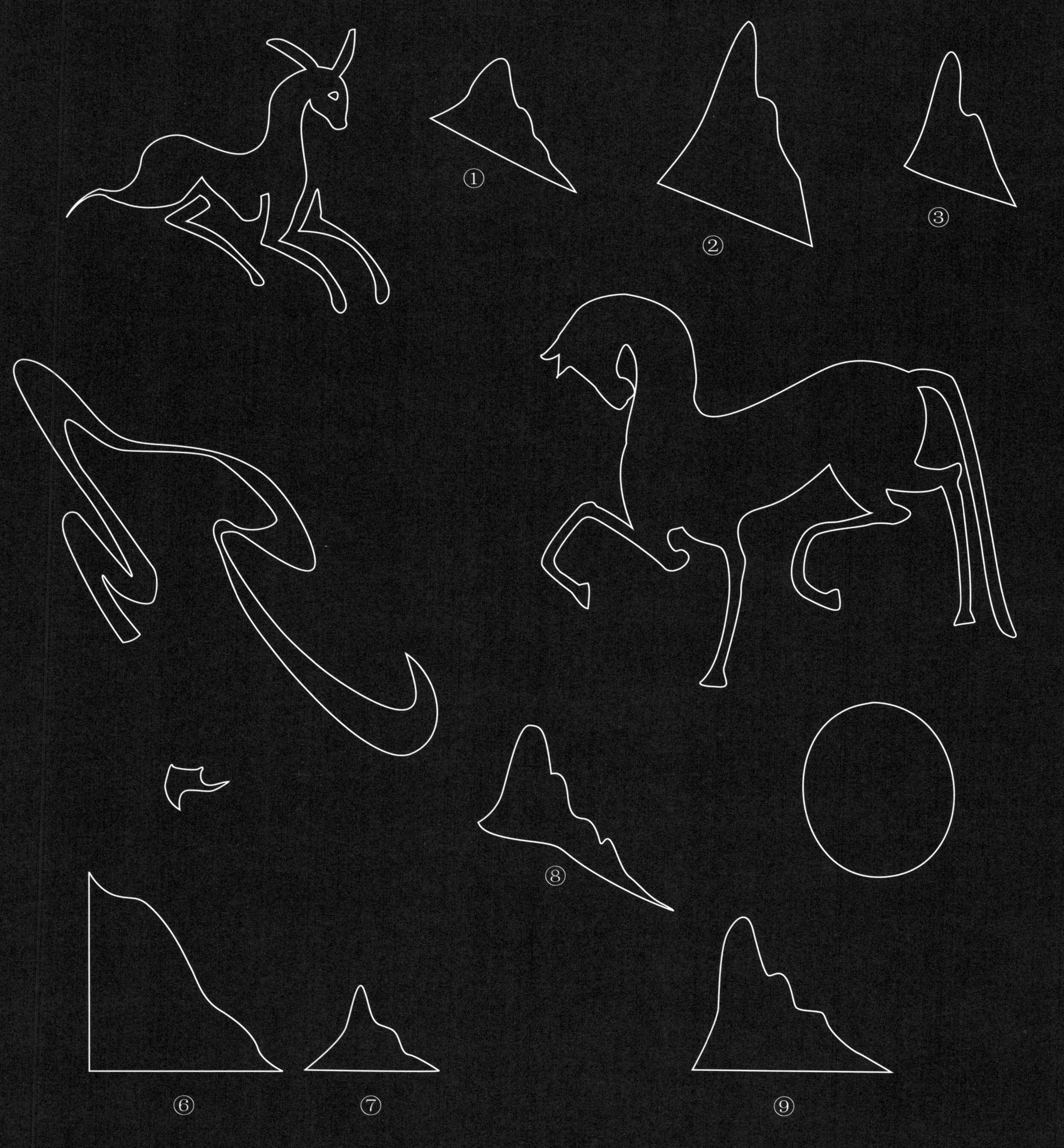

①
②
③
⑧
⑥
⑦
⑨

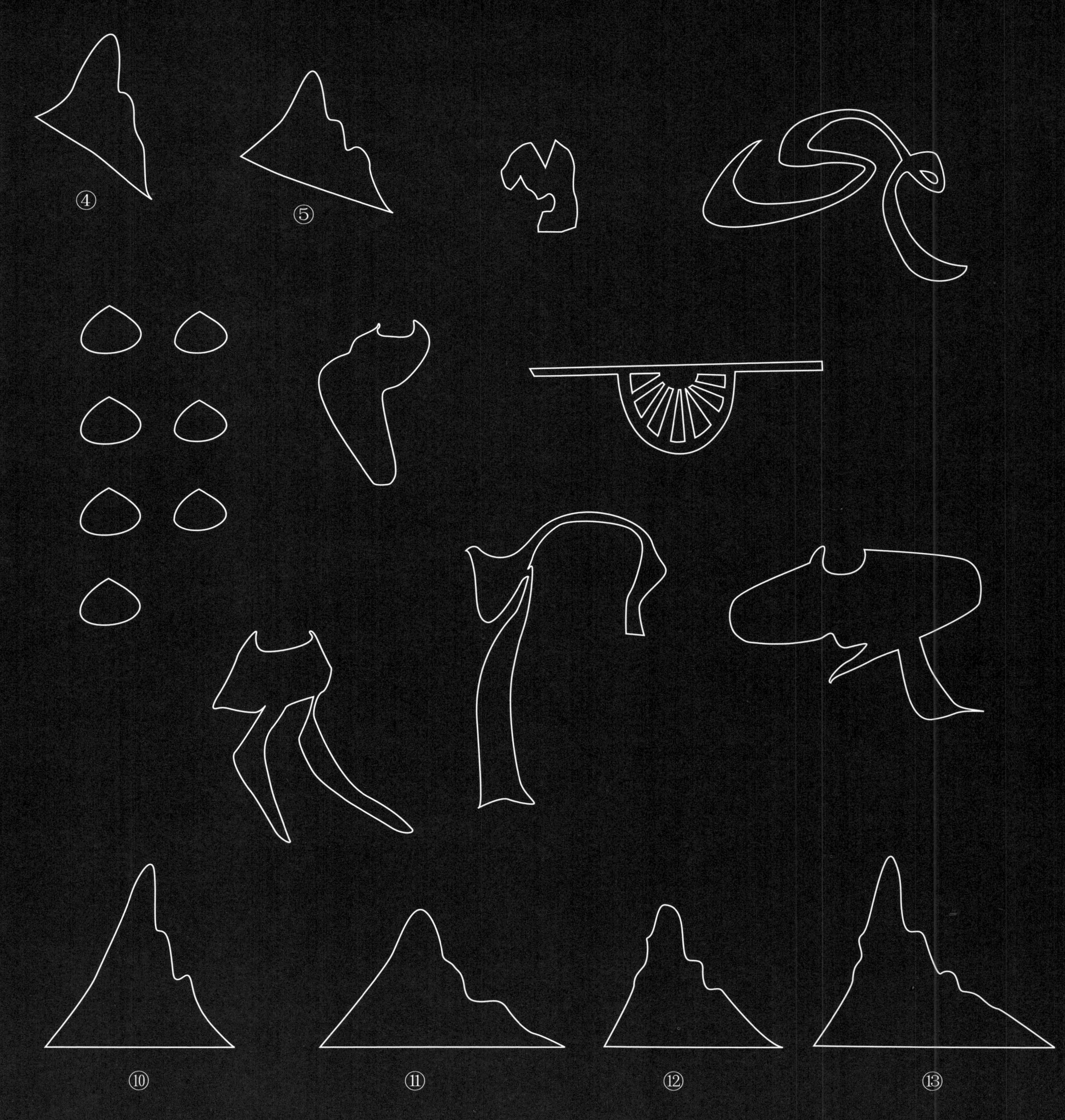

④
⑤
⑩
⑪
⑫
⑬

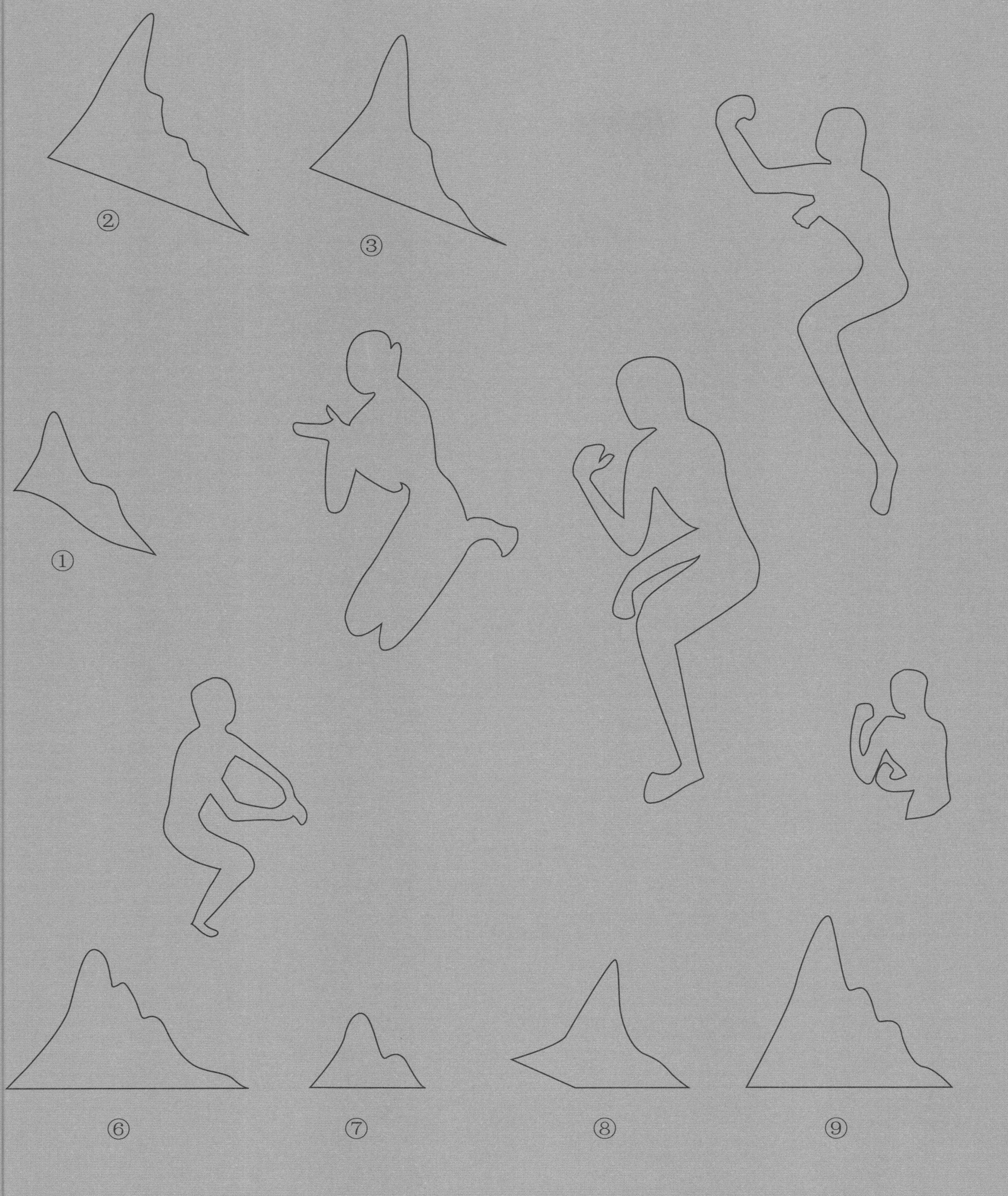
②
③
①
⑥
⑦
⑧
⑨

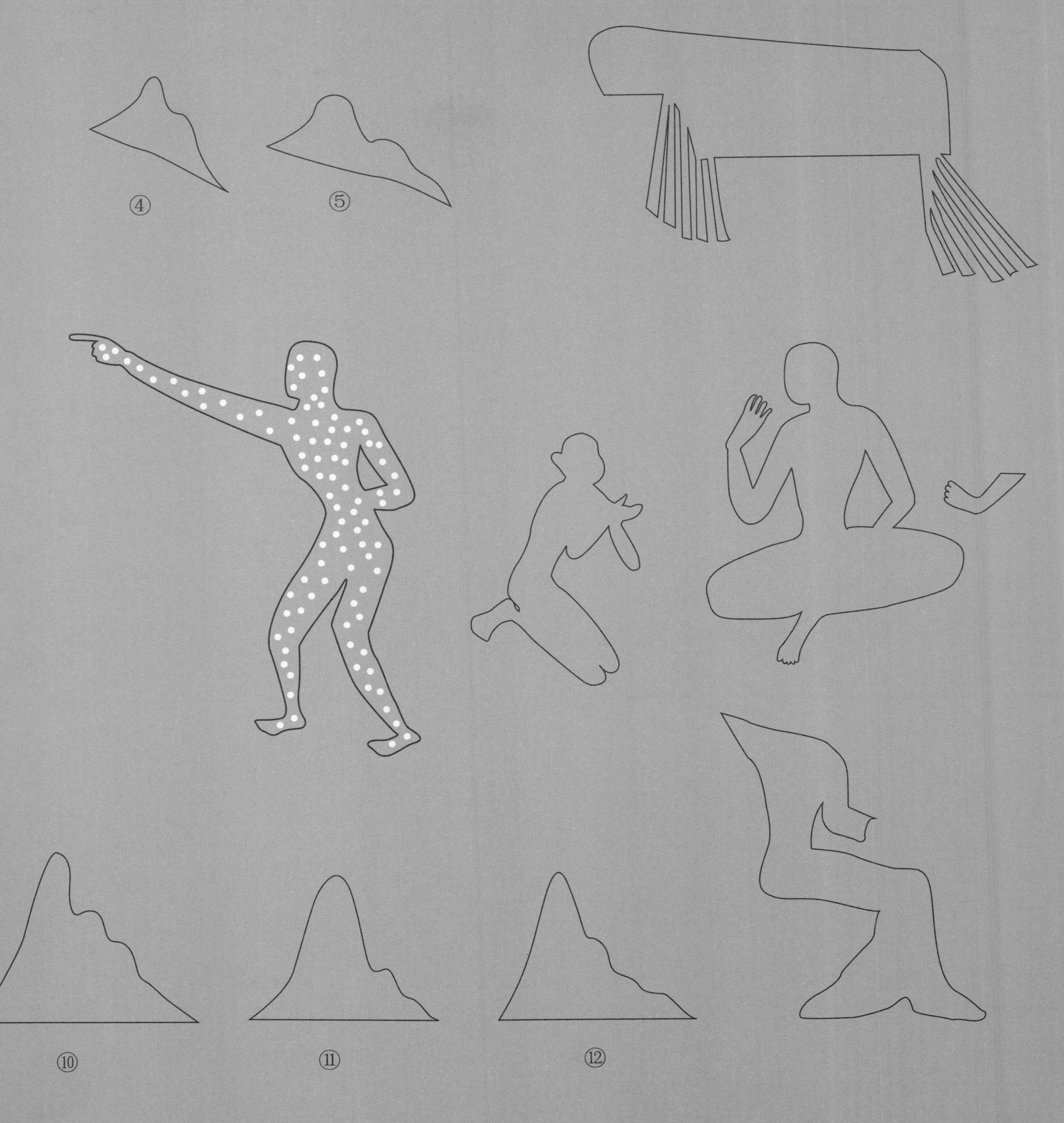
④
⑤
⑩
⑪
⑫

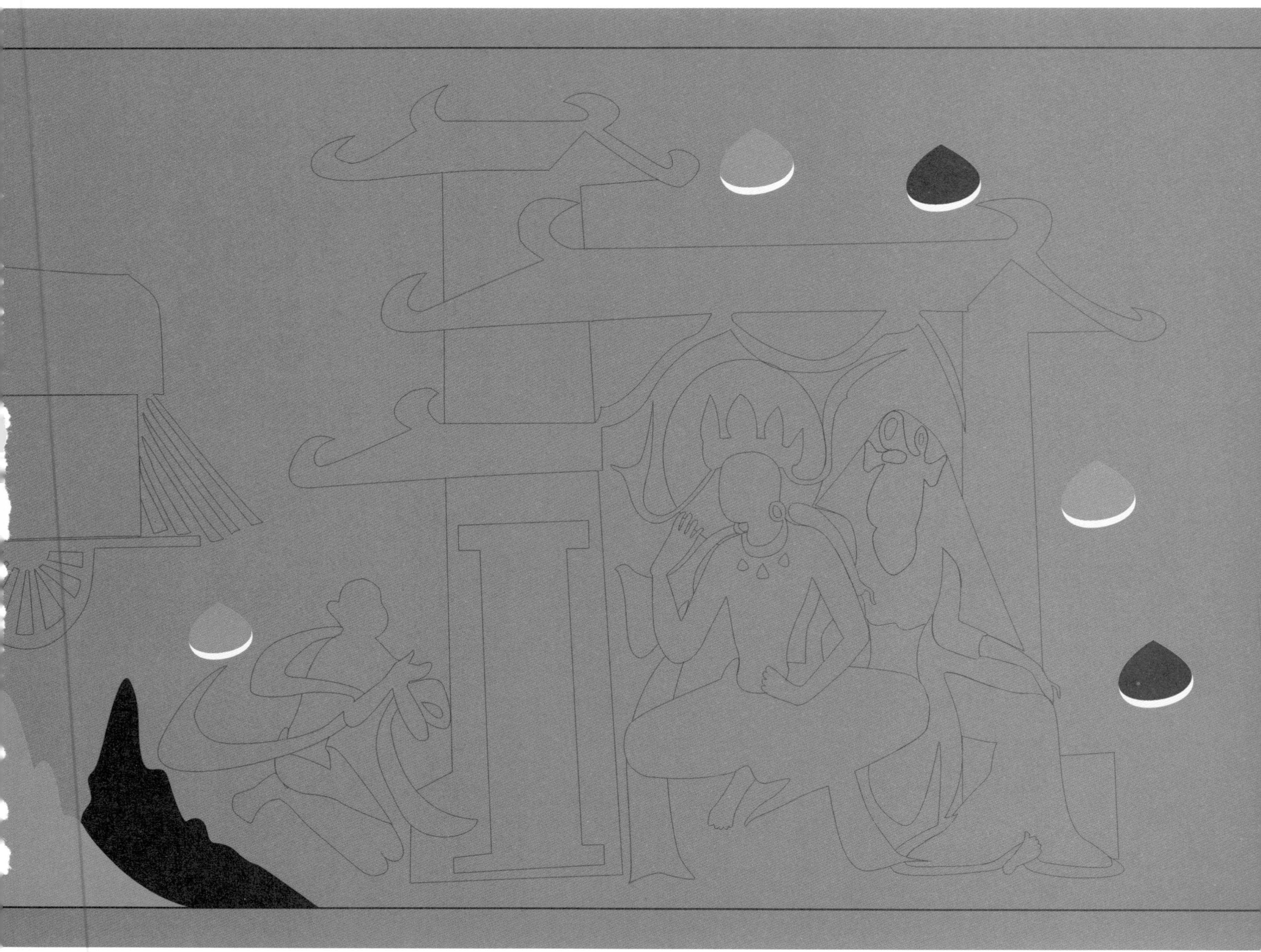

5 5 4

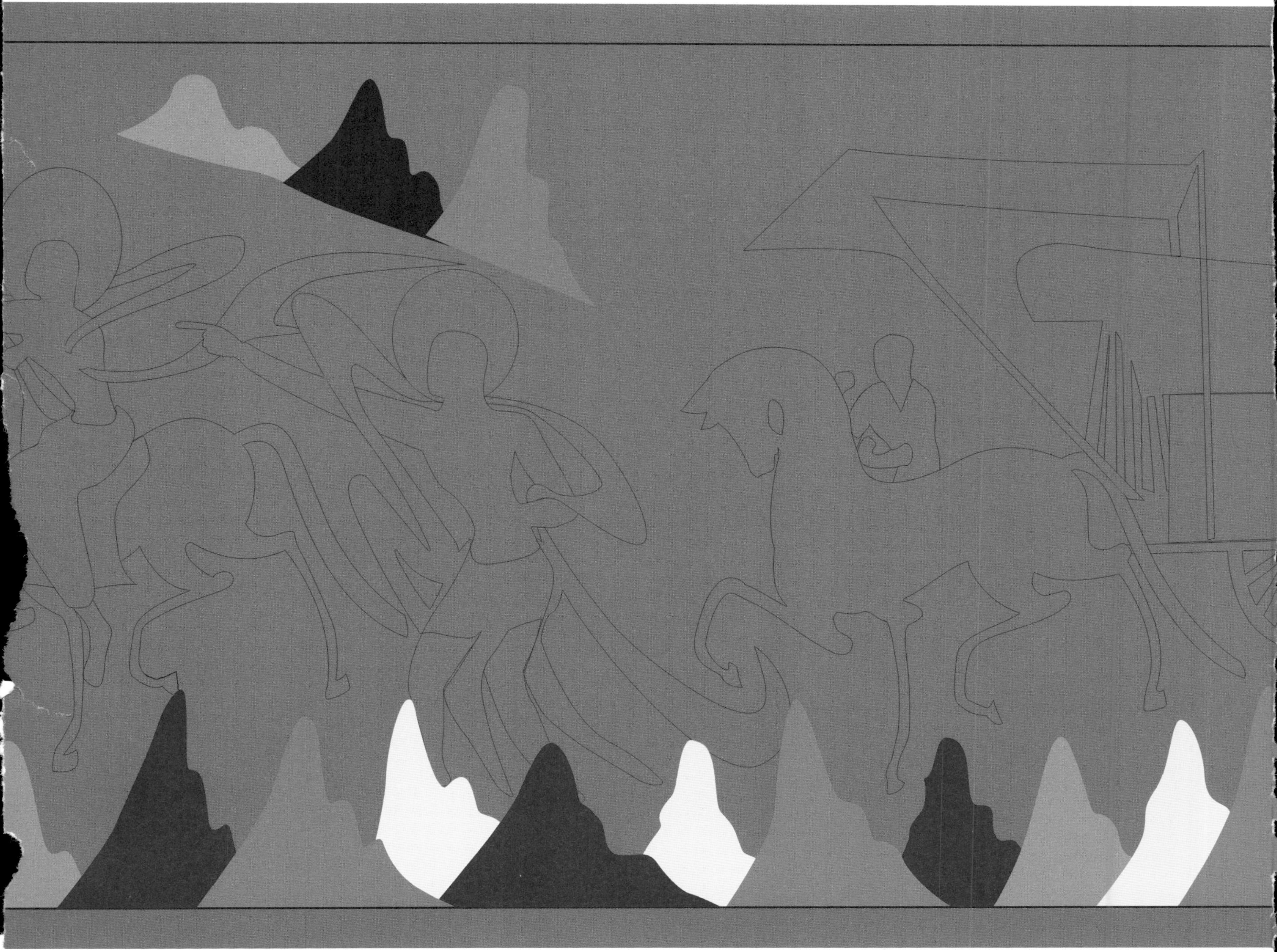

1 10 9 10 11 11 10 12 12 12

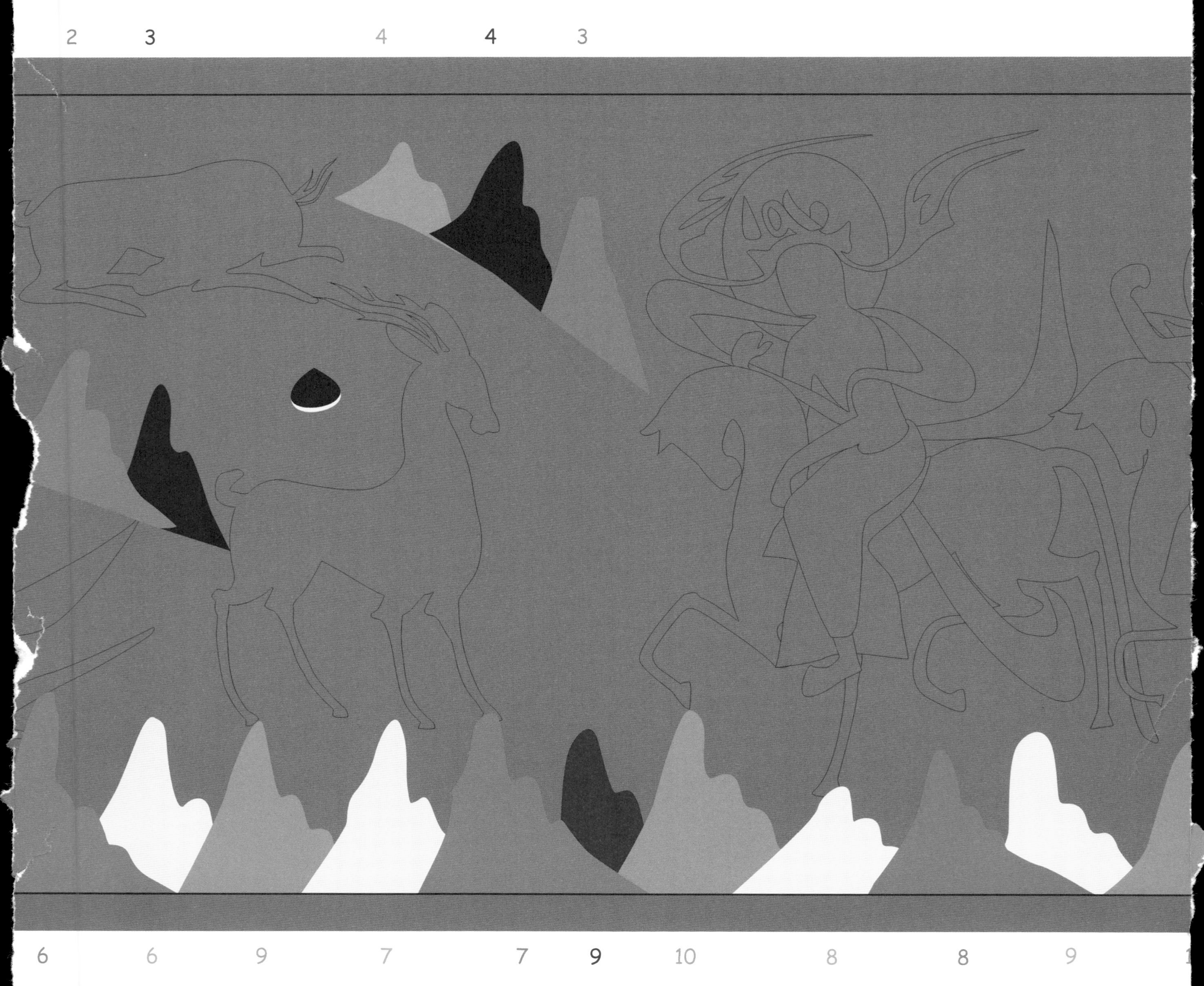
2 3 4 4 3
6 6 9 7 7 9 10 8 8 9

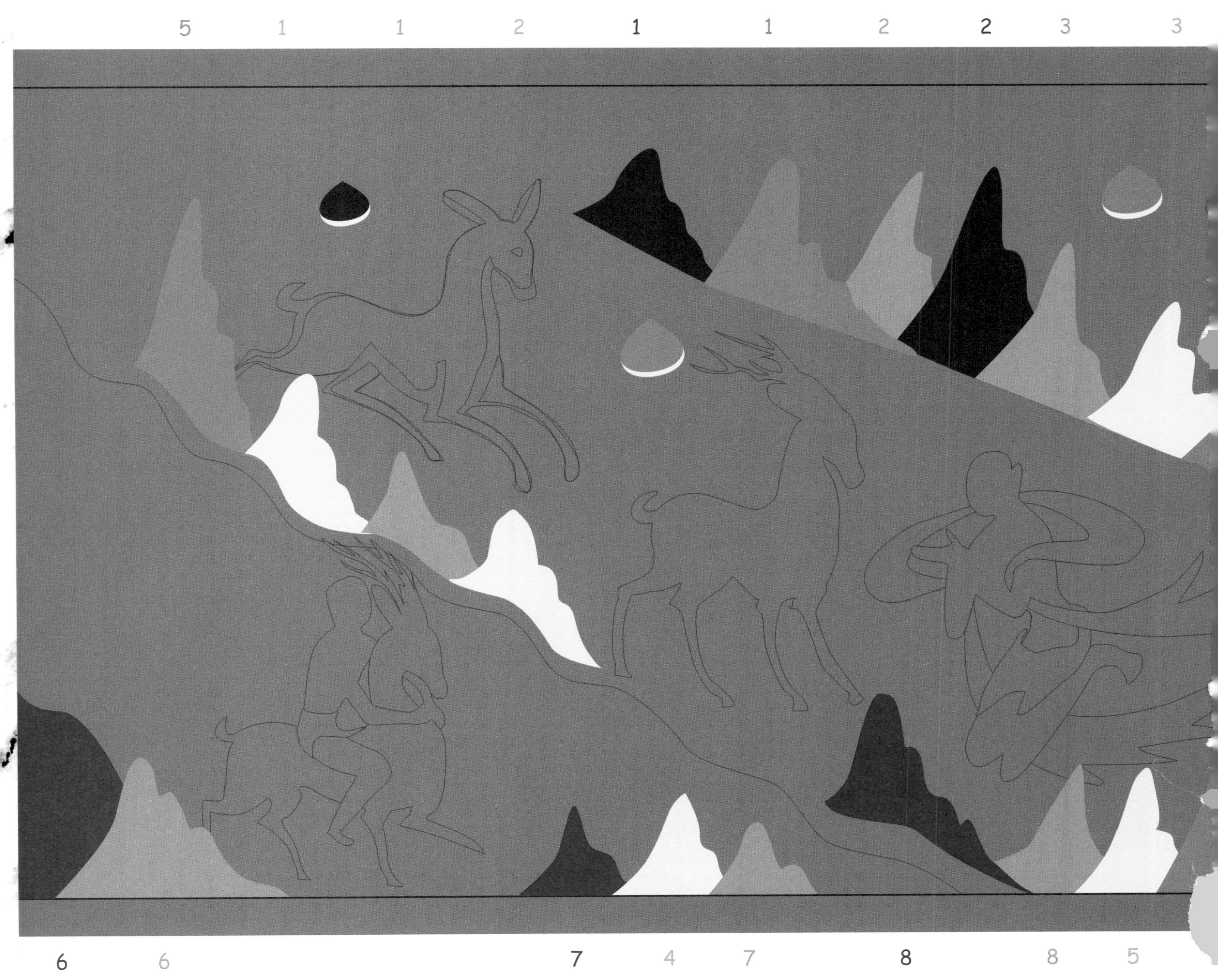
5 1 1 2 1 1 2 2 3 3
6 6 7 4 7 8 8 5

编号说明：图纸上不同颜色的编号，对应着它的上方或它的下方不同颜色的小山。请选择前页相应颜色和编号的小山，剪下来，贴在本页图纸上。

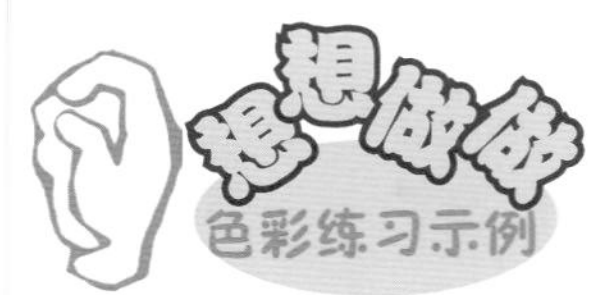

调色练习和涂色练习

彩色铅笔调色练习

1. 参照下面的图例，在后面折叠页练习纸上，用六种不同的颜色画出六个竖条，使它们宽度相等。
2. 使用同样的六种颜色，画出六个横条，覆盖在原先的竖条上。
3. 这时候你得到了36种颜色，供你在涂色时选择使用。

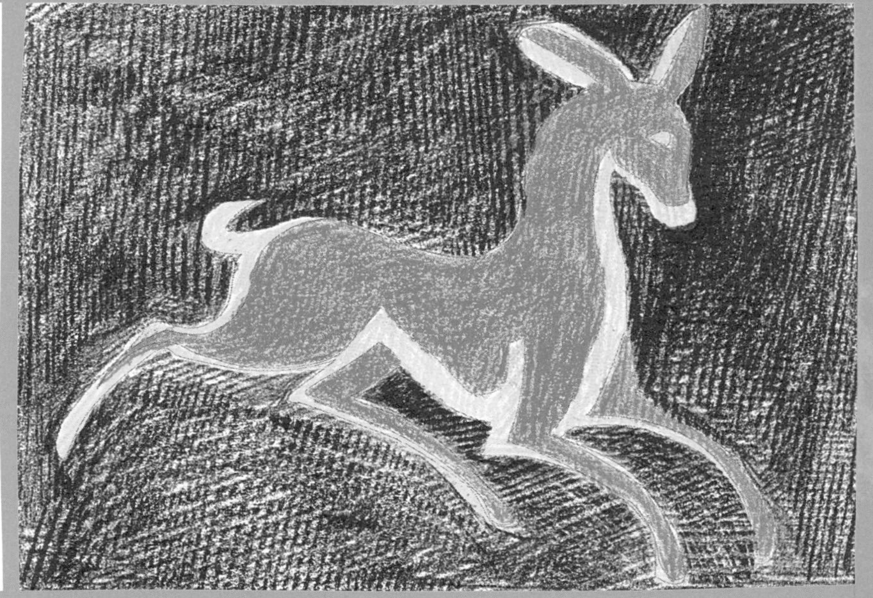

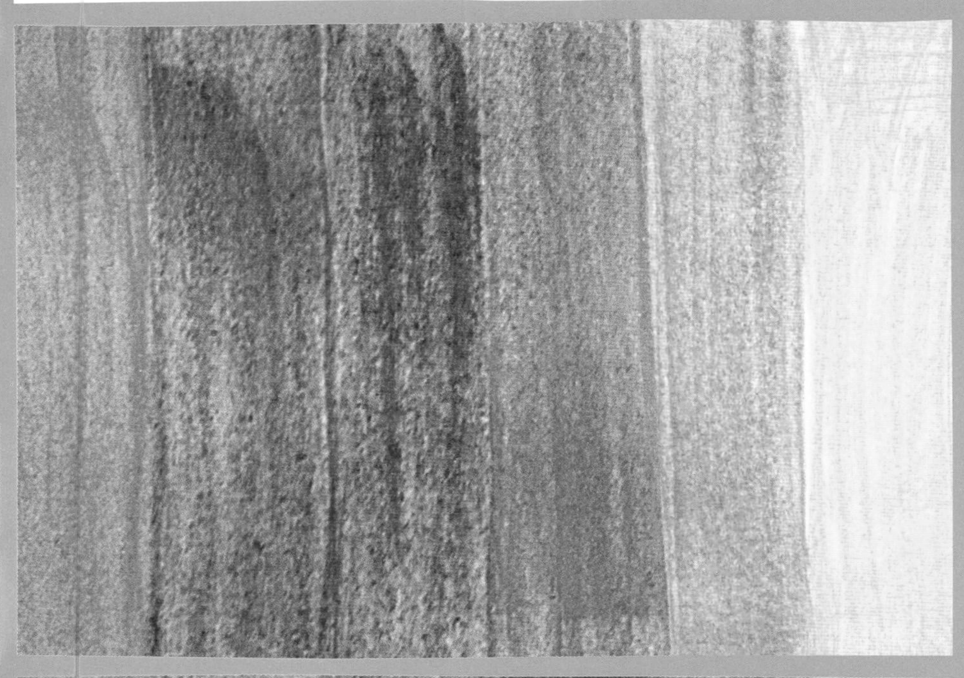

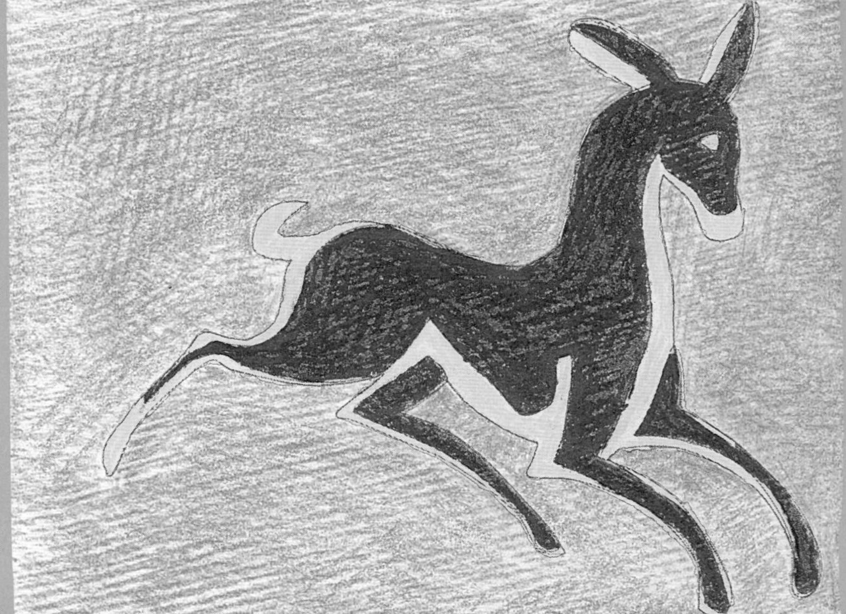

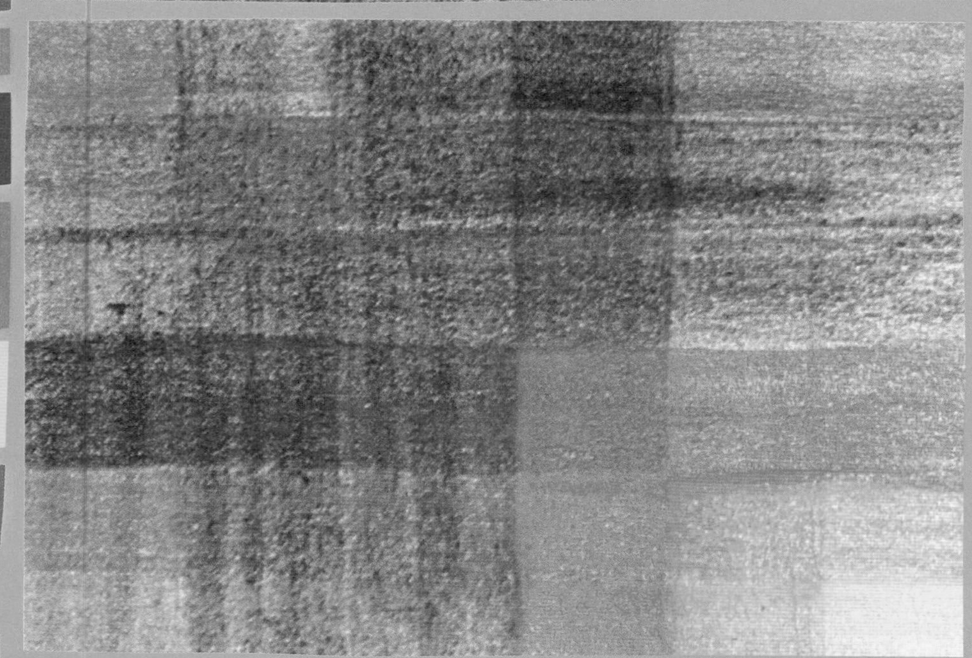

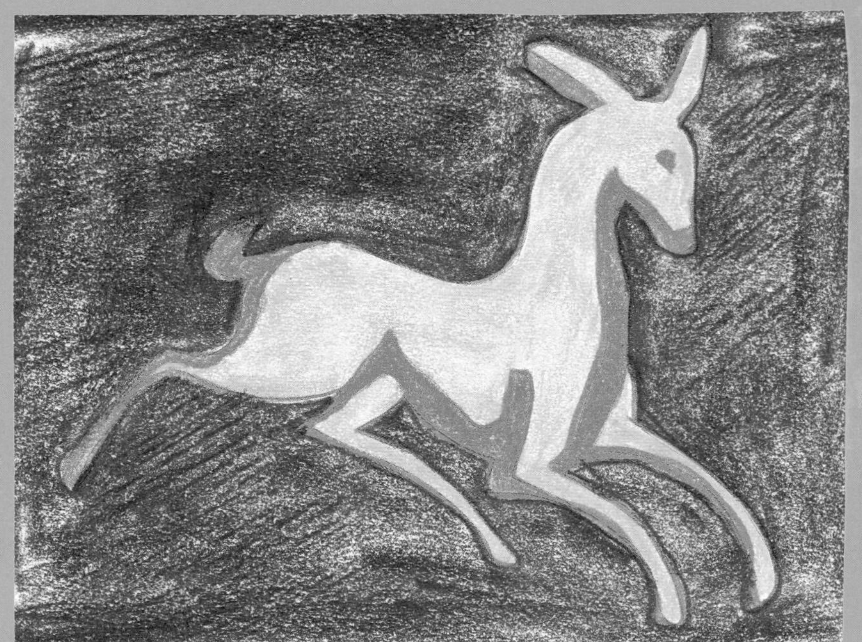

⇦ 彩色铅笔涂色

1. 三种颜色要有较大差异。
2. 在确定每种颜色后，都用该色勾出涂色范围。
3. 可用笔侧涂色，饱和度低的颜色需要反复涂。
4. 可以利用有轻微纹理的桌面或垫板。
5. 适当地旋转画纸。
6. 可以选择同类色或对比色，重复涂在首先选择的颜色上，以使色彩变得厚重。

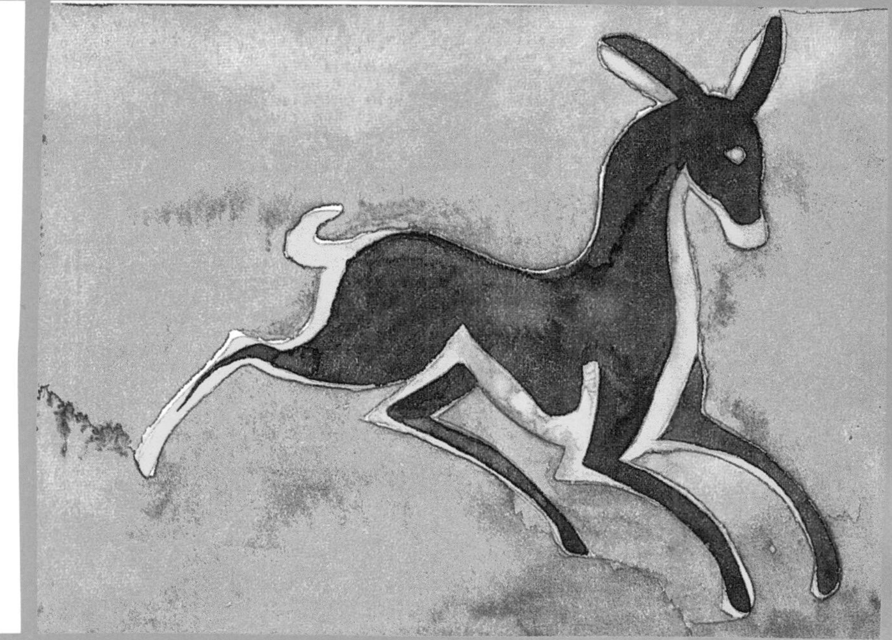

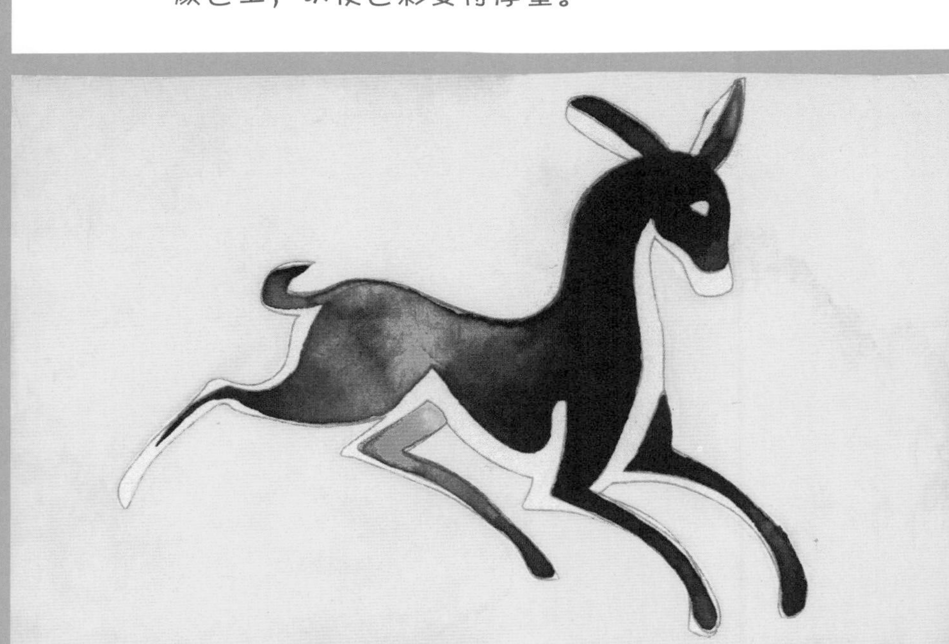

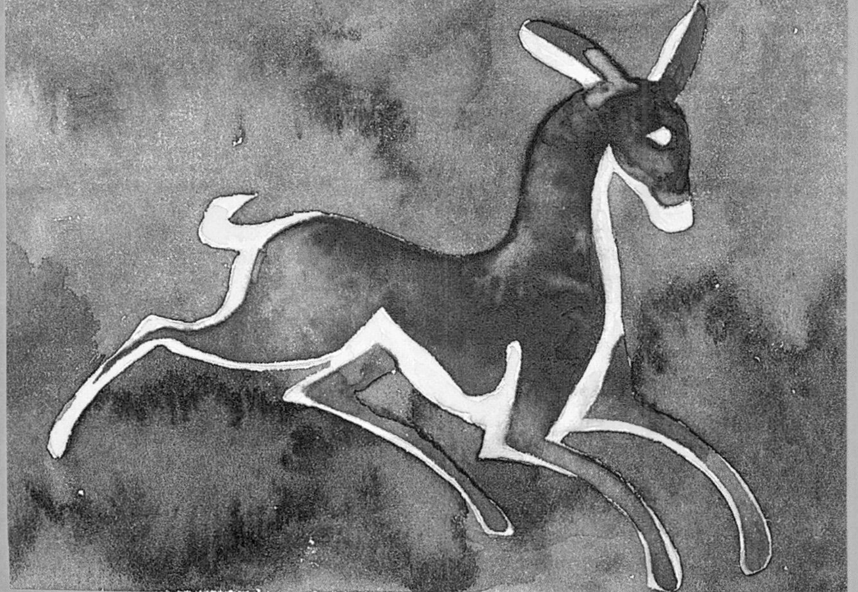

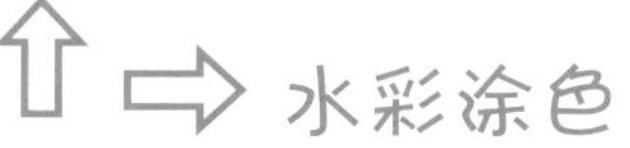

水彩涂色

1. 从主要形象的涂色开始，注意轮廓线的完整，待干时再衔接背景颜色，避免串色。
2. 着色时，特别注意水彩的水性特点，颜色中水分含量的多少决定着画面浓淡干湿变化的效果。
3. 应常备一支干净的清水笔，在未来得急衔接的地方使用，以防出现硬痕，实现自然过渡。
4. 可以尝试在画面将干未干时进行点水或点色的方法，看看是否会产生意外的、特殊的效果。

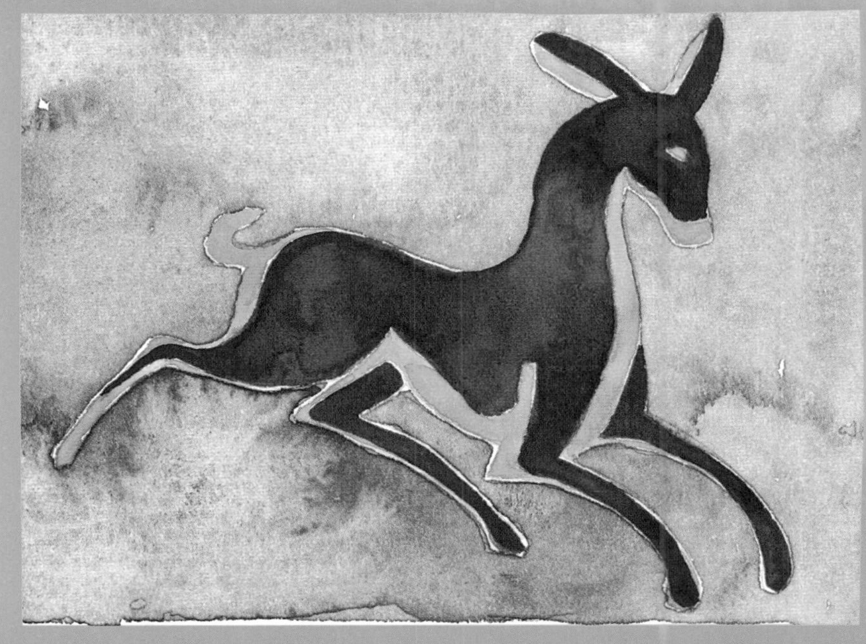

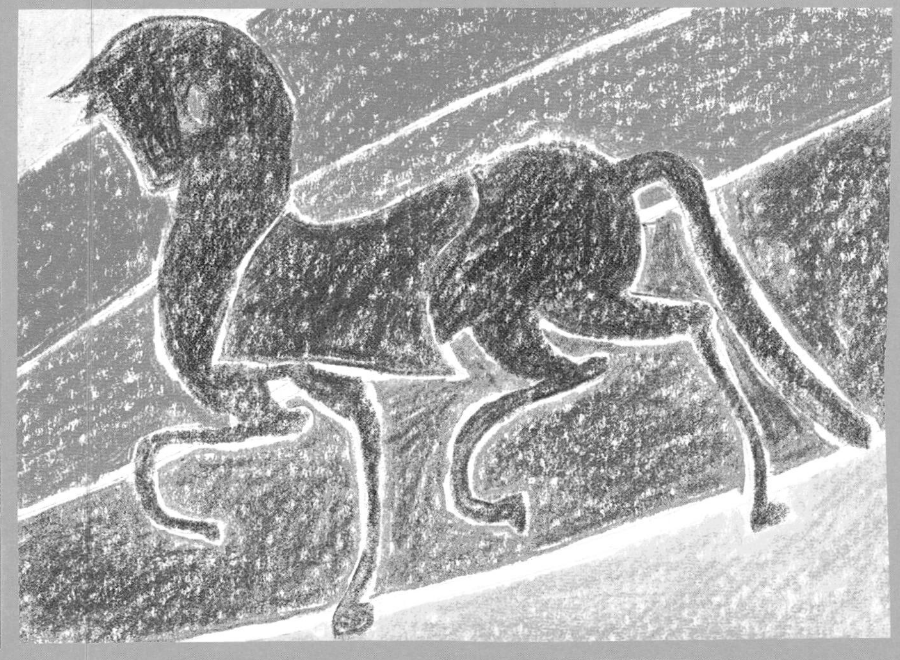

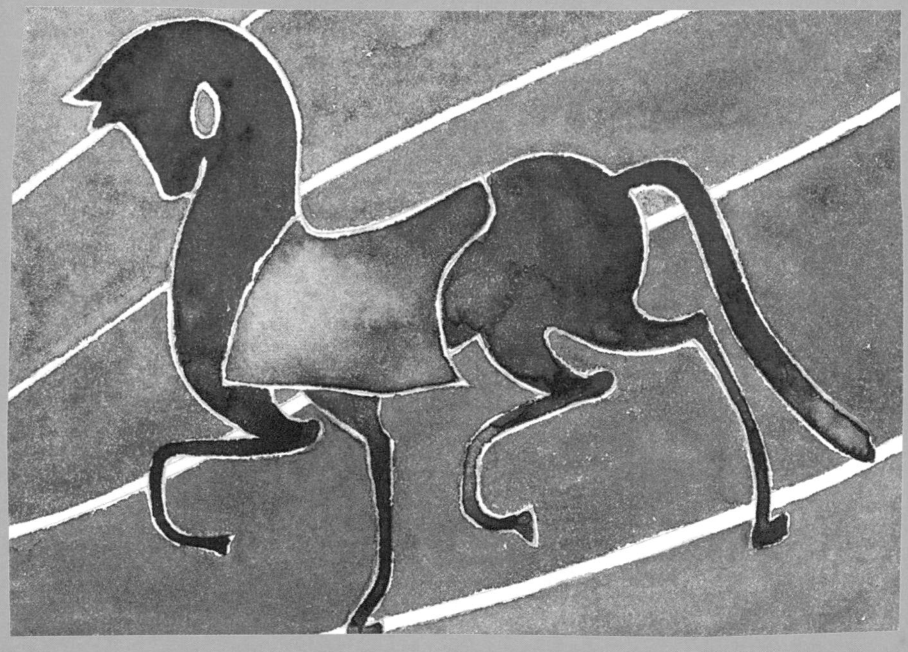

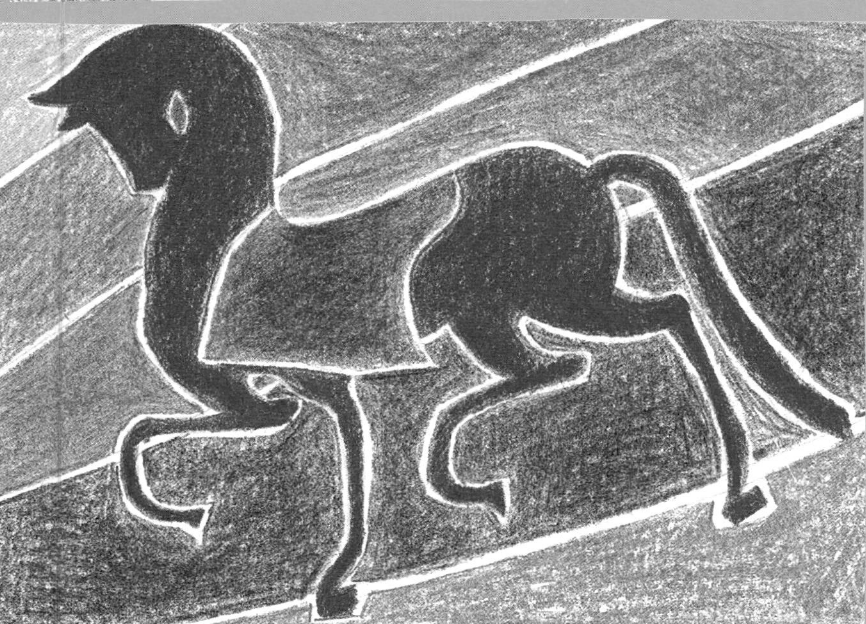

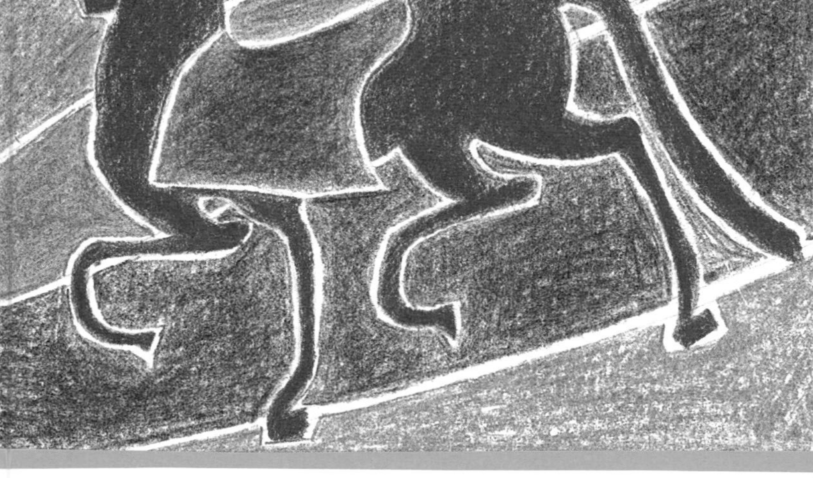

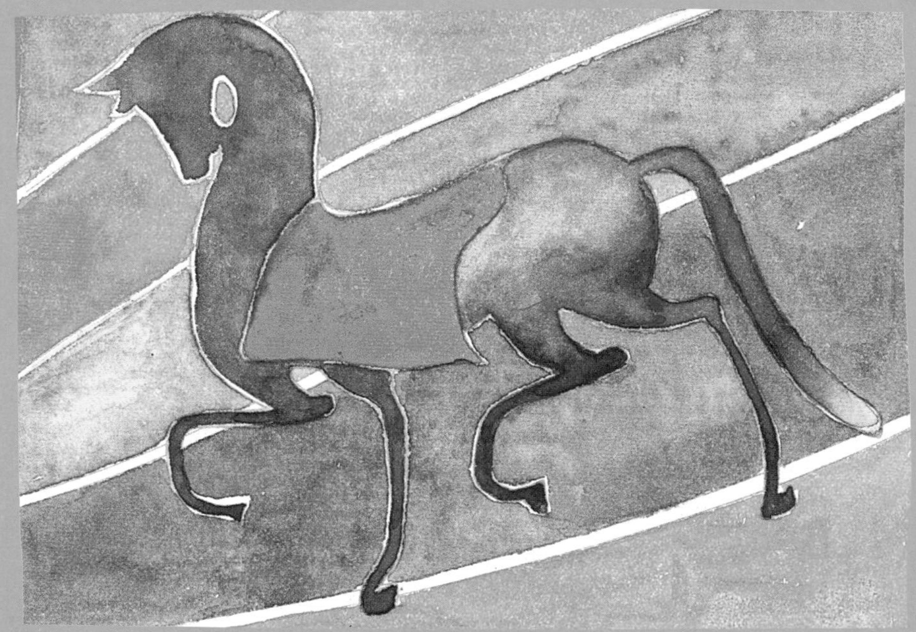

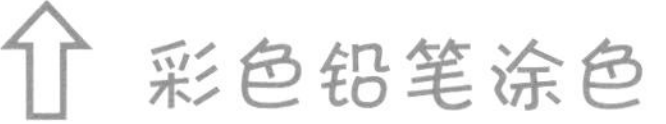

⇧ 彩色铅笔涂色

1. 认真选择一组对比色，作为马和马鞍的颜色，使它们成为画面最抢眼的地方。
2. 认真选择一系列与主要形象的颜色相和谐的颜色作为背景色。
3. 在确定每种颜色后，都用该色勾出涂色范围，注意在形与形之间留出白色空隙。
4. 可用笔侧涂色，饱和度低的颜色需要反复涂。
5. 可以利用有轻微纹理的桌面或垫板。
6. 适当地旋转画纸，可以重复涂画不同颜色以使色彩厚重。

⇧ 水彩涂色

1. 从主要形象的涂色开始，注意轮廓线的完整，待干时再衔接背景颜色，避免串色。
2. 着色时，特别注意水彩的水性特点，颜色中水分含量的多少决定着画面浓淡干湿变化的效果。
3. 应常备一支干净的清水笔，在没来得急衔接的地方使用，以防出现硬痕，实现自然过渡。
4. 可以尝试在画面将干未干时进行点水或点色的方法，看看是否会产生意外的、特殊的效果。

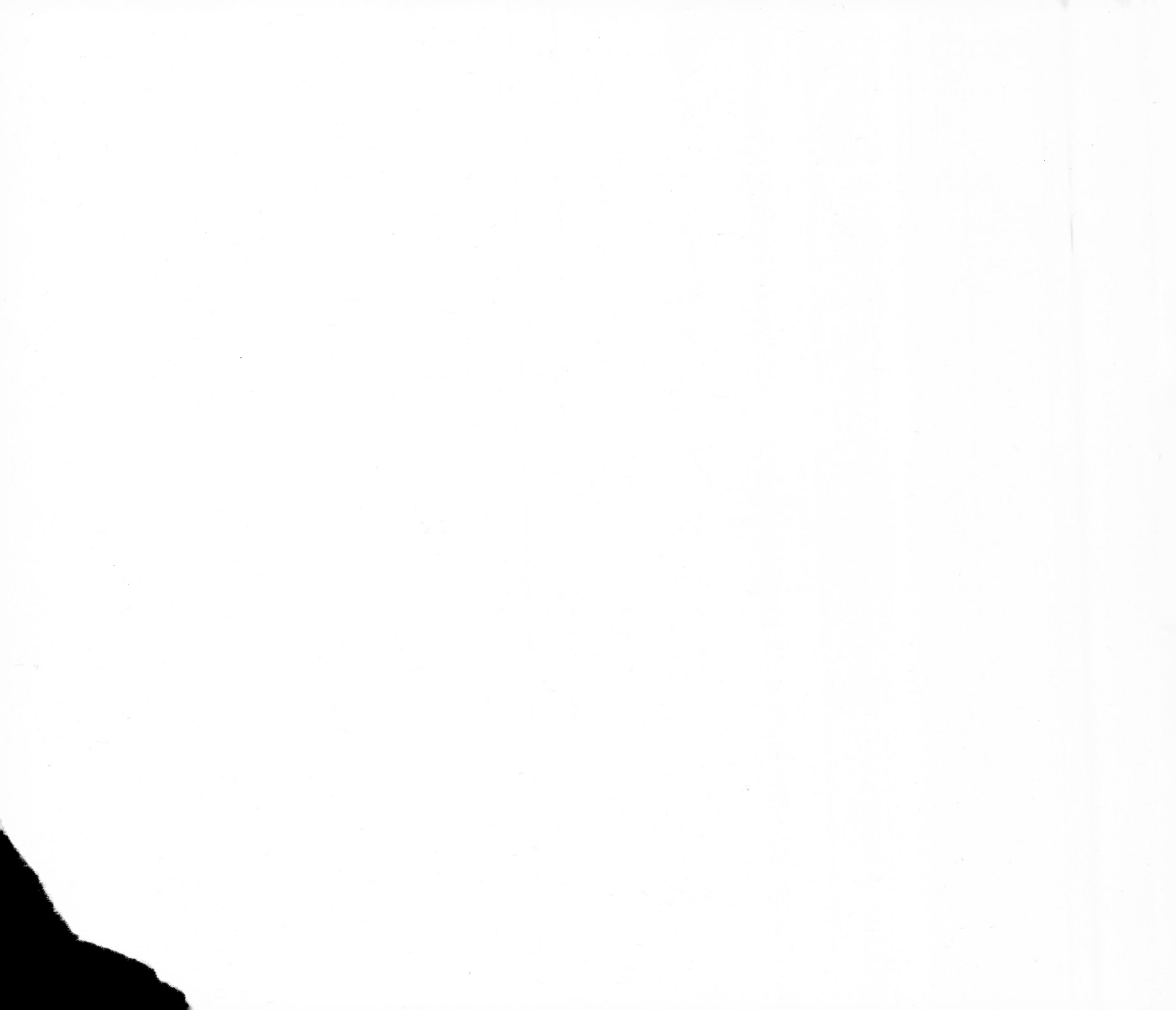

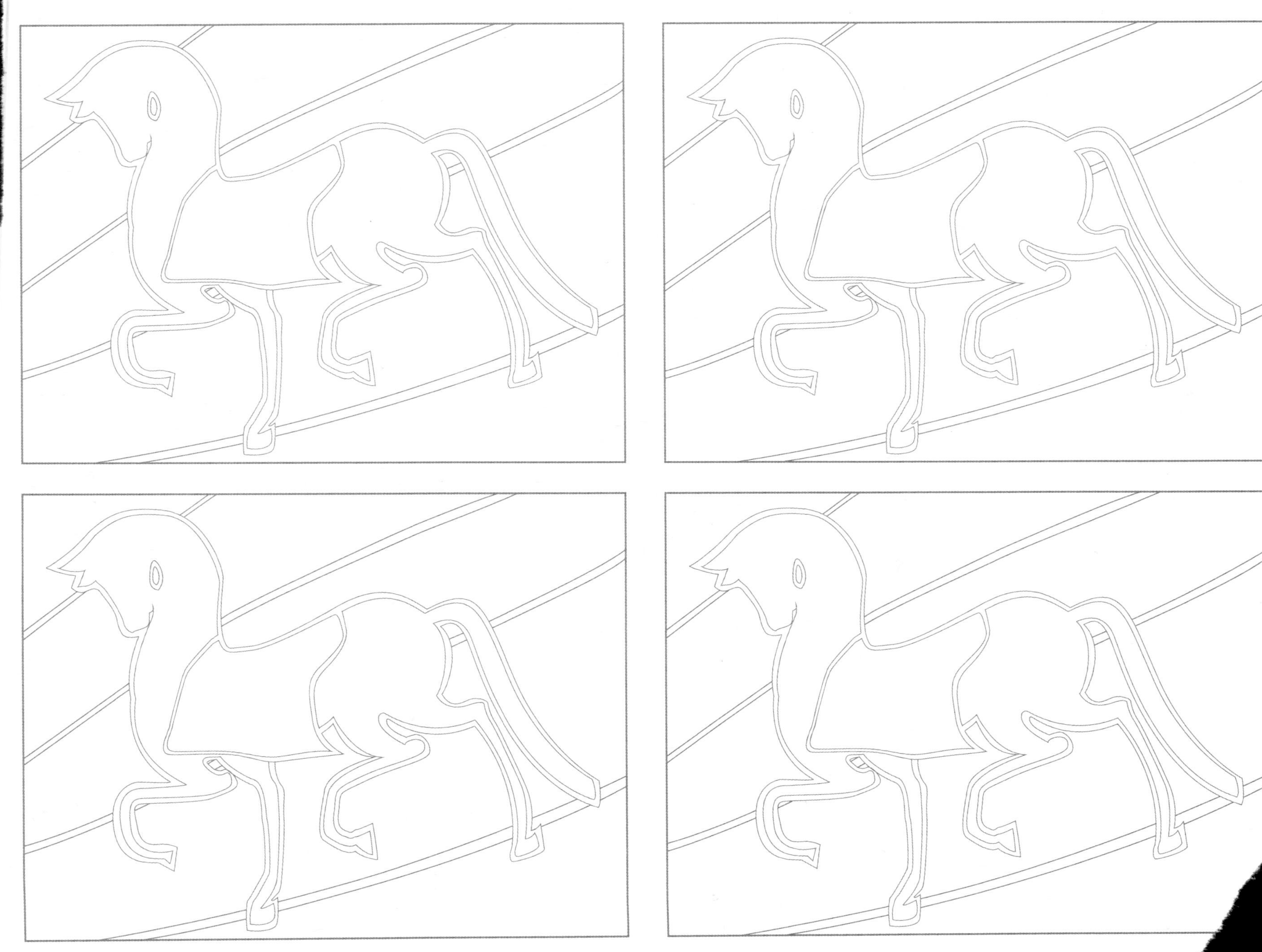

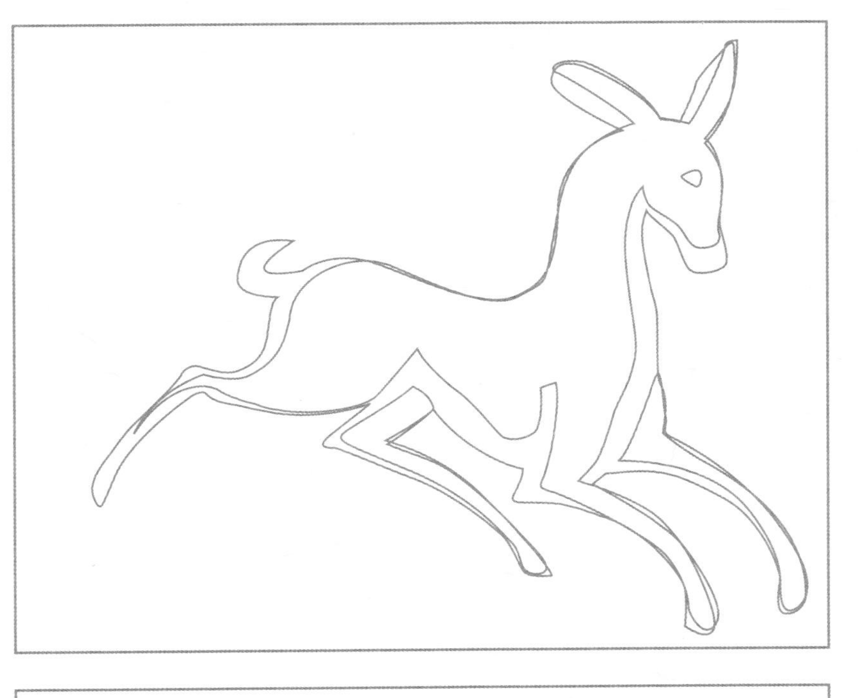
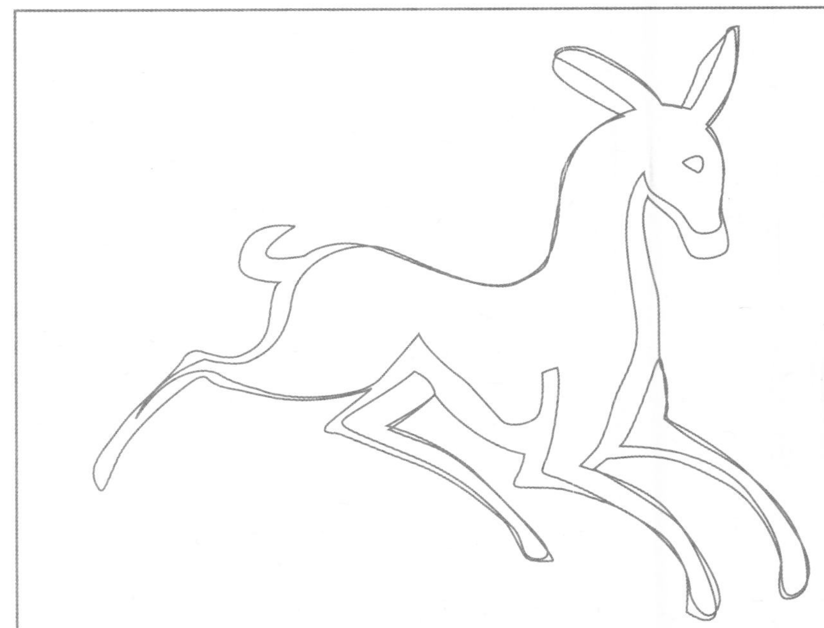
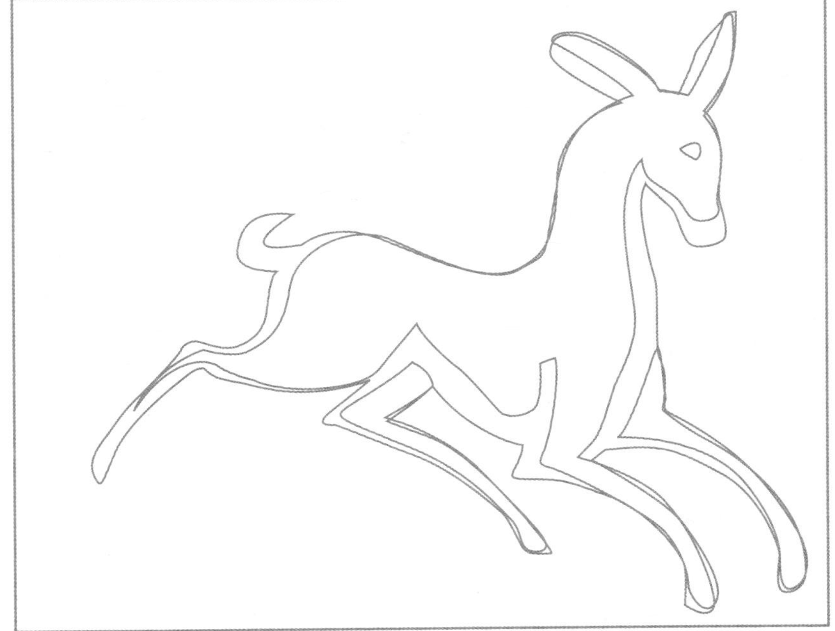
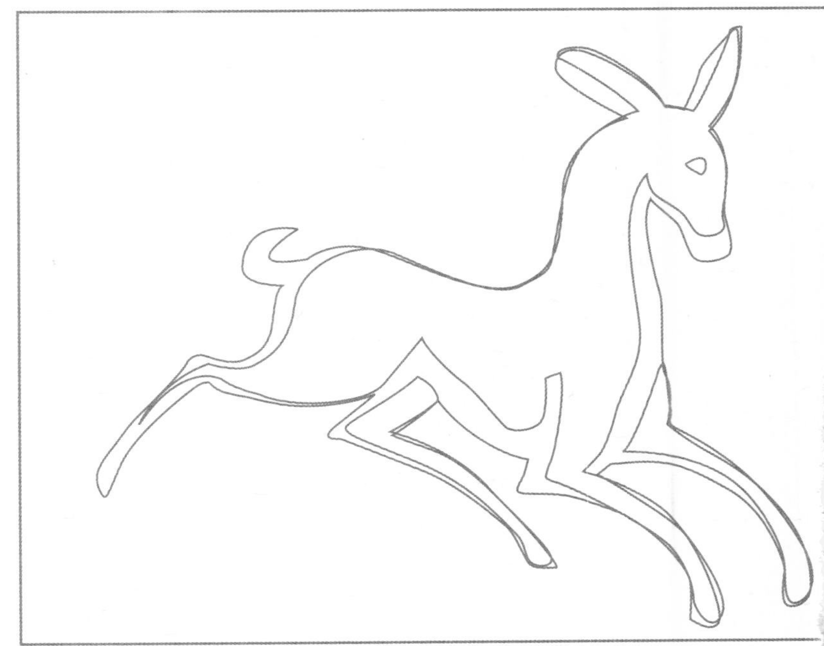
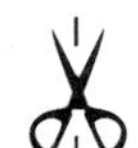

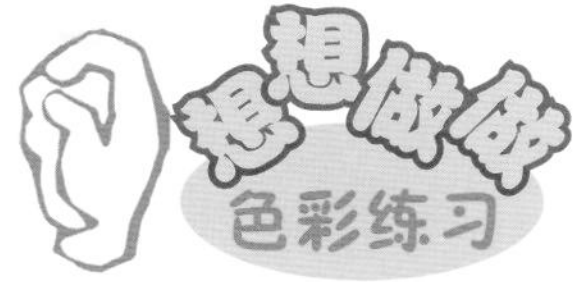

调色练习和涂色练习插页

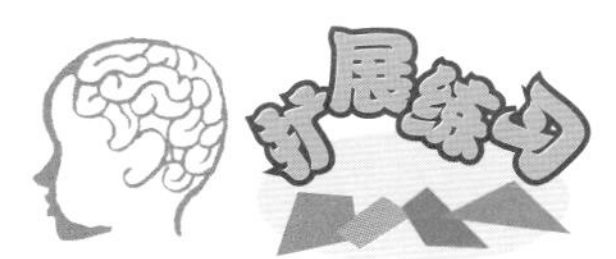

你能用莫高窟九色鹿的绘画方式，描画另外一个故事吗？

你能用你喜欢的一组颜色加黑白两色，重绘这个故事吗？

你能用完全不同的色彩搭配想象和画出这个故事吗？

你能用另外一种绘画的叙事方式，重新画出九色鹿的故事吗？

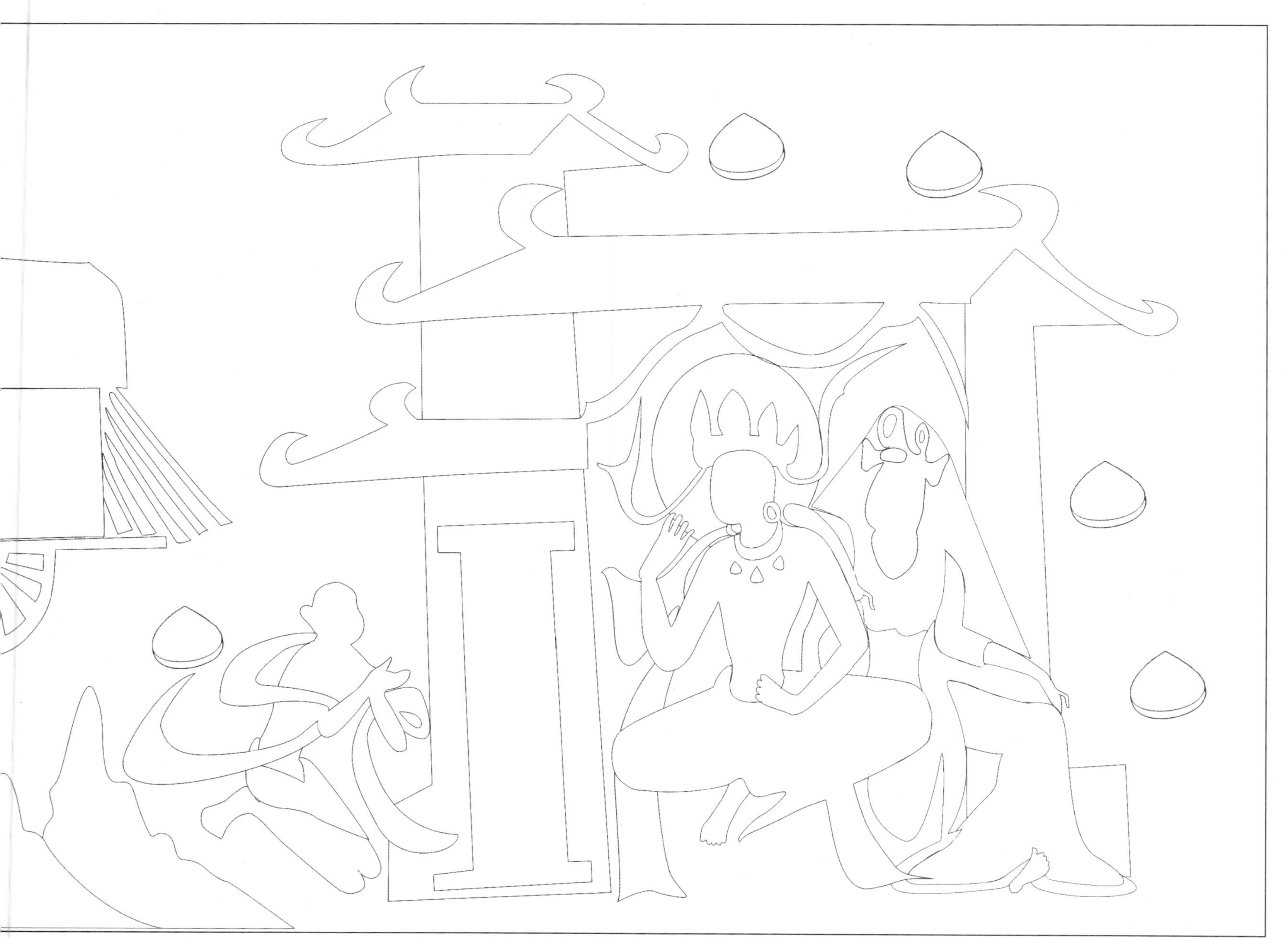

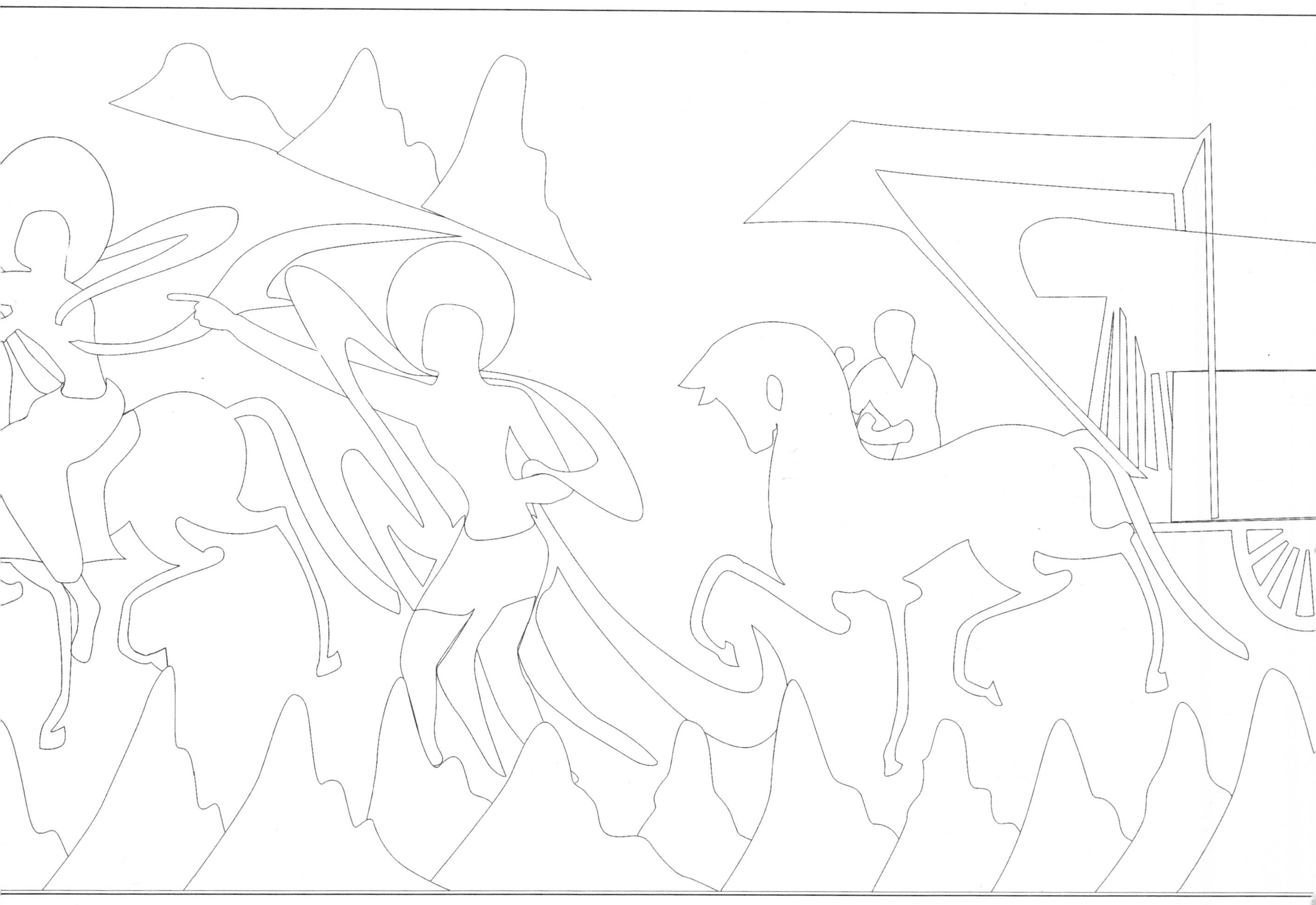

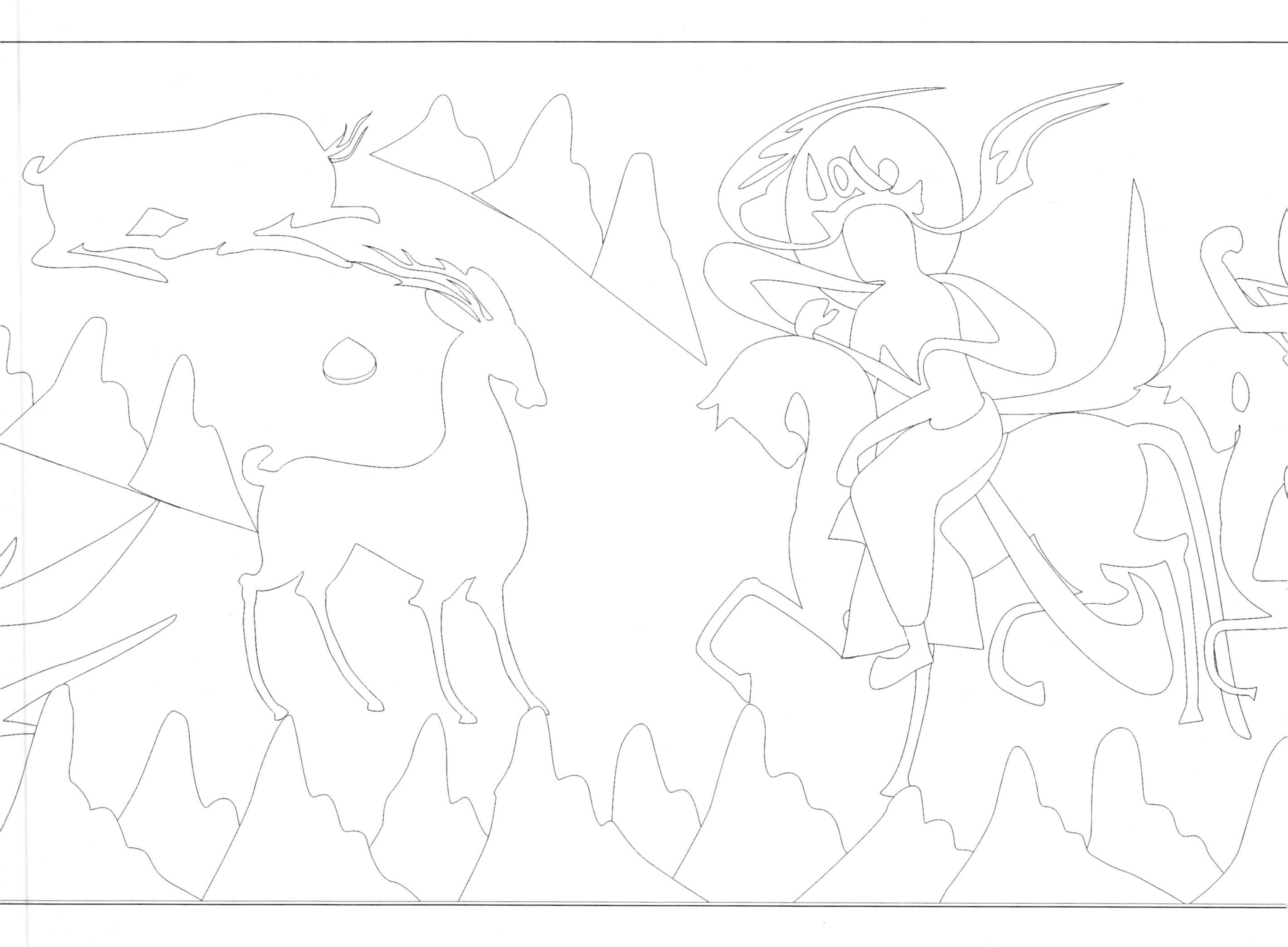

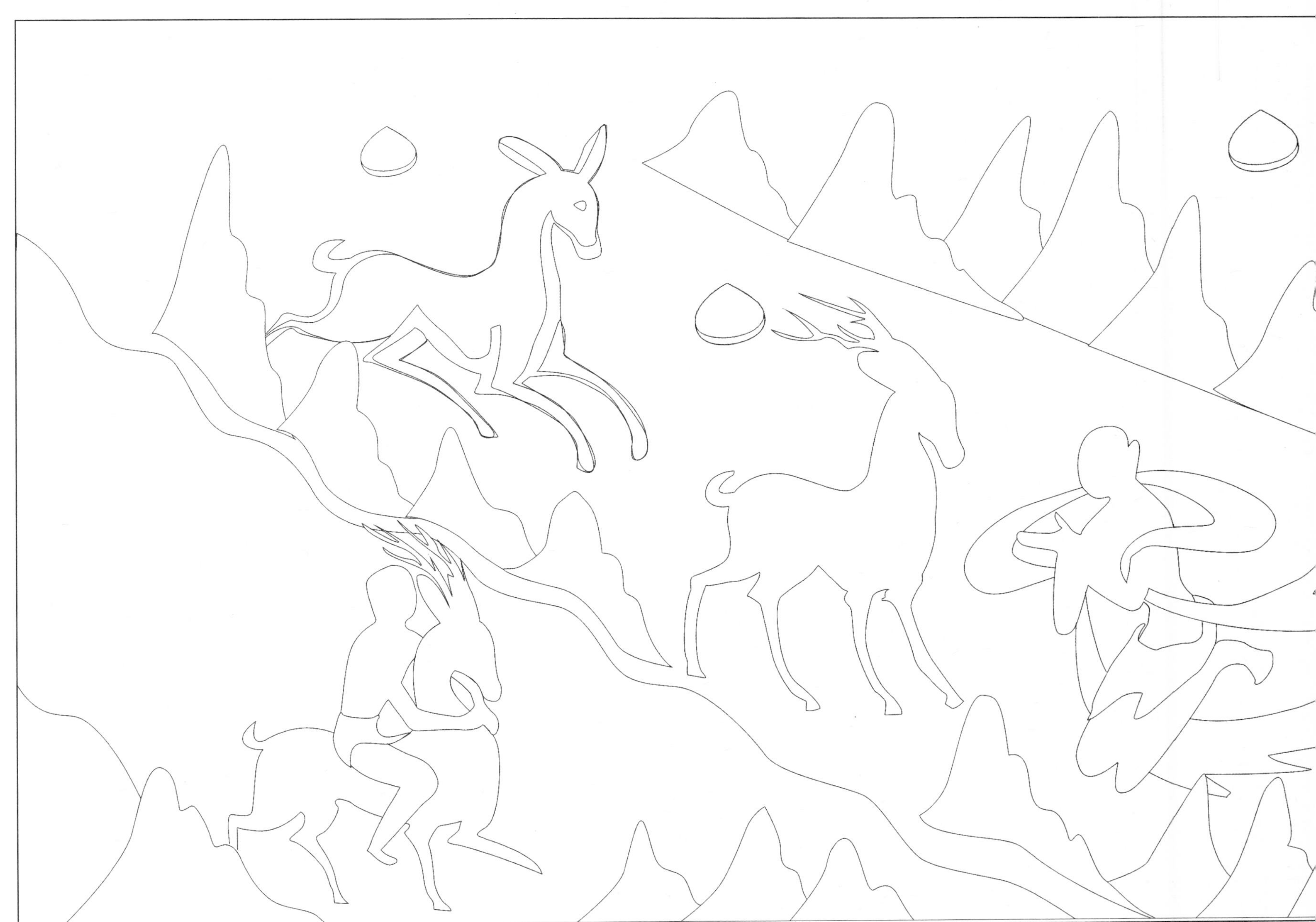

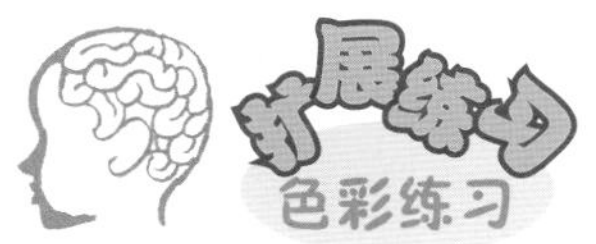

用我的色彩重绘《九色鹿的故事》

你能用你喜欢的一组颜色加黑白两色重绘这个故事吗？或者，你能用完全不同的色彩搭配想象和画出这个故事吗？

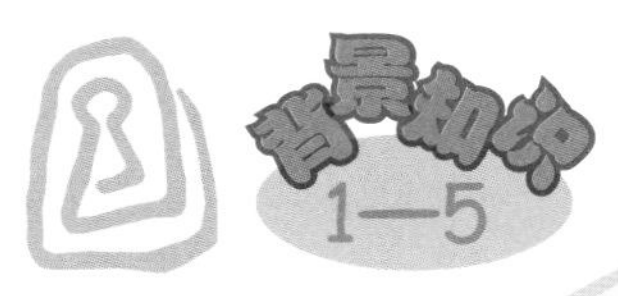

背景知识1

《佛说九色鹿经》

根据三国时期吴支谦所译的《佛说九色鹿经》，若干世前，释迦为鹿，毛有九色，角白如雪。一日，鹿在恒河边游玩，从水中救出一溺水人，溺水人感恩愿意为奴，鹿婉拒，并嘱溺水人勿泄其行踪。溺水人应允而去。与此同时，该国王后夜梦九色鹿，要求国王猎鹿取其皮角为衣饰。国王出重赏猎鹿，溺水人贪财。引王师前去。此时九色鹿熟睡未醒，而王师已重围数匝，张弓拔弩，引箭待发。九色鹿临危警觉，迅速跑到国王前跪地叩头。当知是溺水人出卖自己后，鹿向国王陈述救溺水人情况，并怒斥溺水人见利忘义。国王敬其德而罢猎，并昭示全国任鹿觅食，不得伤害。溺水人出卖恩人而遭恶报，遍体生疮，口出恶臭。国人都鄙视他。王后亦因未得鹿之皮角，怨恨而死。

引自敦煌研究院 主编《敦煌石窟全集3·本生因缘故事画卷》，香港：商务印书馆，2000年，第73页

背景知识2

敦煌莫高窟257窟西壁北魏壁画

敦煌石窟包括莫高窟、榆林窟、东千佛洞、西千佛洞和五个庙石窟（**见敦煌石窟分布图**）。

莫高窟的第一个洞窟是在前秦建元二年（公元366年）建的，当时汉朝在敦煌设郡已有四百七十余年的历史了。尽管佛教传入敦煌也早于莫高窟建窟约三百年，敦煌已有捐资建庙、译经造像等佛事活动，

莫高窟外景

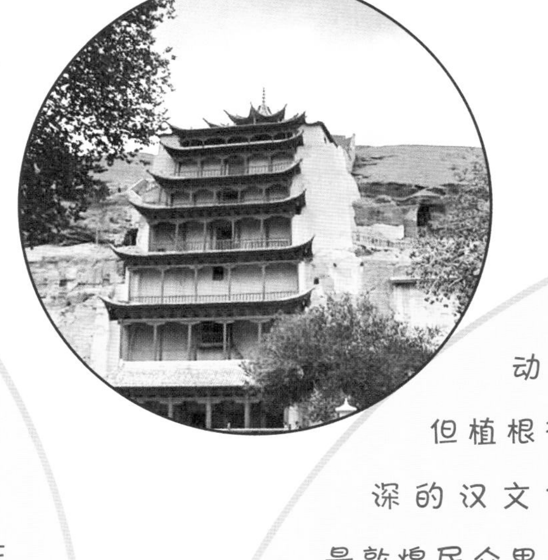

但植根很深的汉文化是敦煌民众思想的主流意识，佛教的影响还很有限。不过，这个时期及其后的数十年，敦煌相继处于各少数民族的统治之下，他们将释迦视为“戎神”，以佛教作为少数民族的正统宗教，大力提倡，于是佛教在敦煌有了新的发展。

莫高窟现存最早的洞窟是北凉、北魏时期的洞窟，基本都开凿于窟区中段的第二层。这里崖面规整、高低适度，属开凿的最佳地段（**见莫高窟中段平面图**）。早期的洞窟是禅僧为坐禅观像而开凿的“仙窟”，在技法、人物造型、

莫高窟外景

环境配置、艺术形式、风格等方面，都带有很深的西域烙印。到北魏时期，洞窟坐禅观像的纯宗教功能已有所变化。特别是北魏孝文帝推行佛教汉化政策之后，敦煌石窟的形制、艺术风格以及佛教信仰日益受到中原文化的影响。尽管画中人物还是印度衣饰，技法还是用西域凹凸染色法和铁线描，但构图、布局和人物形象已逐渐汉化，石窟性质也不单是或主要不是为了坐禅观像，而是集观像、巡礼、参拜、祈福功能于一体。

北魏257窟的南、西、北壁有沙弥守戒自杀缘、九色鹿本生、须摩提女因缘等故事画。

九色鹿本生故事绘于西壁，是横幅连环画形式，对莫高窟壁画而言，是开窟以来全新构图形式。壁画对九色鹿的善良、国王的慈悲和正义感、溺水人的忘恩负义，以及王后的贪婪冷酷等的描写，充分融入汉地画师对佛教义理的独到理解，其艺术表现手法的汉化，反映了佛教逐渐融入本土，与汉地原有文化相结合，被重新阐释的过程。

摘编自敦煌研究院 主编《敦煌石窟全集3·本生因缘故事画卷》，香港：商务印书馆，2000年，第一章 序论。

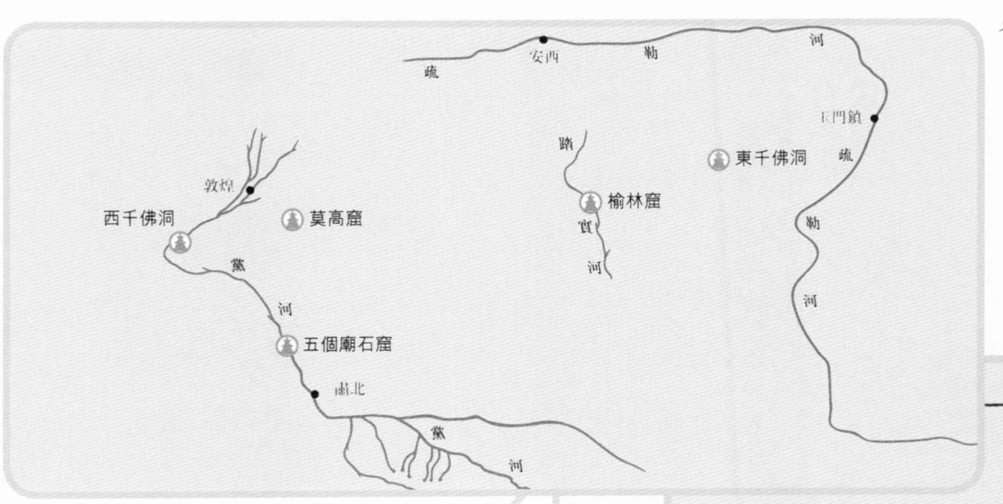

敦煌石窟分布图

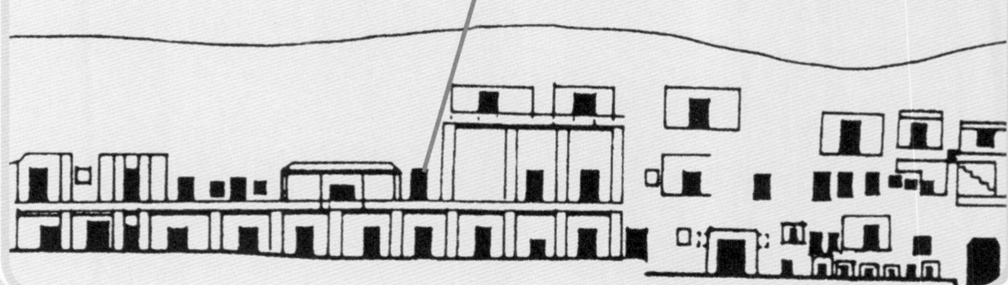

莫高窟中段平面图

背景知识3 壁画上的文字框

莫高窟北魏时期的壁画，在每个情节的右上方书写榜书，这是借鉴汉画像石左图右史的形式演变而来的。例如汉画像石上左边为图像（单情节，一人持剑刺另一人），右边的长方形框内有字说明画的内容（荆轲刺秦王）。北魏时期壁画采用汉画像石“左图右史”的构图方式，也提供了佛教汉化的证据。

摘编自敦煌研究院 主编《敦煌石窟全集3·本生因缘故事画卷》，香港：商务印书馆，2000年，第一章 序论。

正确答案在哪里？

本书先后提出了许多问题，这些问题大体可以分为三类：

1. 知识性的问题，例如关于敦煌莫高窟《九色鹿》壁画的绘画叙事方式的问题，这类问题的答案可以在本书的背景知识中找到。

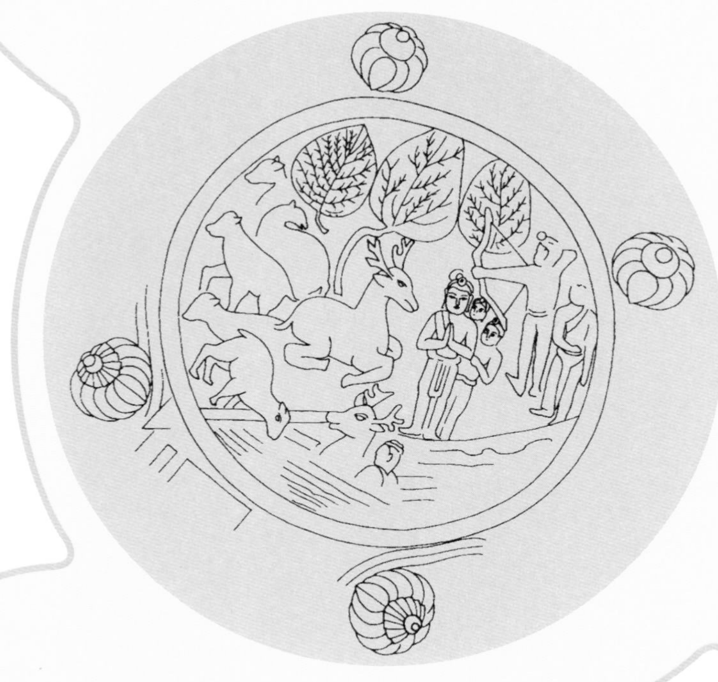

印度多情节单幅构图 ⇧

背景知识4

绘画的叙事方式/构图方式比较：印度多情节单幅构图、克孜尔单情节单幅构图、敦煌莫高窟横式连环画构图

在平面的画中讲故事，就有一个绘画的叙述方式问题。绘画对故事情节的发展线索、时间顺序的表达，通常要通过构图的安排来实现，因此从这个意义上看，构图方式就是绘画的叙述方式。让我们比较一下描述九色鹿本生故事的石窟作品，看看故事性题材有哪些不同构图方式。

在印度巴尔胡特古塔的石栏楯柱上，刻有九色鹿本生故事圆形浮雕，作品创作时间大约在公元前150年。巴尔胡特浮雕集多情节于一图，情节是：1.鹿救溺人。2.溺人抬手指鹿，武士引箭待发。3.群鹿奔逃。4.鹿向国王跪地陈词。

2. 理解性、评价性的问题，在你认真思考并与朋友们讨论之后，相信你会得到一个你认为比较好的答案。这类问题的答案并非唯一的，重要的是为你的答案提出理由。

3. 学术界尚无满意答案的问题，本书也无力回答。例如“为什么只有一只小鹿是黑色的？而且它的形象还完全不同呢？”相信同学们也会对这类问题感到好奇，希望这些问题会激发我们进一步的学习和探索。

新疆克孜尔石窟第175窟也绘有九色鹿本生故事画。它是一幅单情节构图作品，表现国王骑在马上，举剑欲砍，鹿跪地陈词。

敦煌莫高窟257窟北魏壁画采用横幅连环画形式，按照汉画像石铺陈叙事的方式，把臃繁拖沓的长篇经文，通过几个画面，有条不紊、清晰明了地表现出来。画中的山石、树林、屋舍，既是人物活动的场景，又是情节之间的间隔。山石与人物大小比例不相称，有人大于山的特点。每个情节的右上方都有一个长方形框，内有文字说明画的内容。这些都是从汉画像石的构图形式演变而来的。由于故事中九色鹿救溺水人、王后要国王取鹿皮鹿角两个情节是同时发生的，莫高窟的画师艺匠们将它们画于横幅壁画的两端，让情节的发展，由两端向中央聚集，从而把故事推向高潮。

三件作品的构图完全不同，也就是说采用了全然不同的视觉叙事方式，但三件作品都紧扣故事重点，并在画面中心部位表现故事高潮。巴尔胡特和克孜尔的画面，或引箭待发，或举剑欲砍，九色鹿则跪地陈词，充满了危机感，给人千钧一发的悬念。唯独莫高窟壁画，既看不到刀光剑影，又听不到箭啸弦鸣，九色鹿面对国王，昂首直立，不卑不亢，慷慨陈词。国王则以通情达理、悲悯众生、主持正义的面目出现。这些不同的处理，表达了各地画师对佛经内容和教义精神的独到理解，也折射出不同时代社会文化伦理的复杂影响。

摘编自敦煌研究院 主编
《敦煌石窟全集3·本生因缘故事画卷》，
香港：商务印书馆，2000年，第一章。

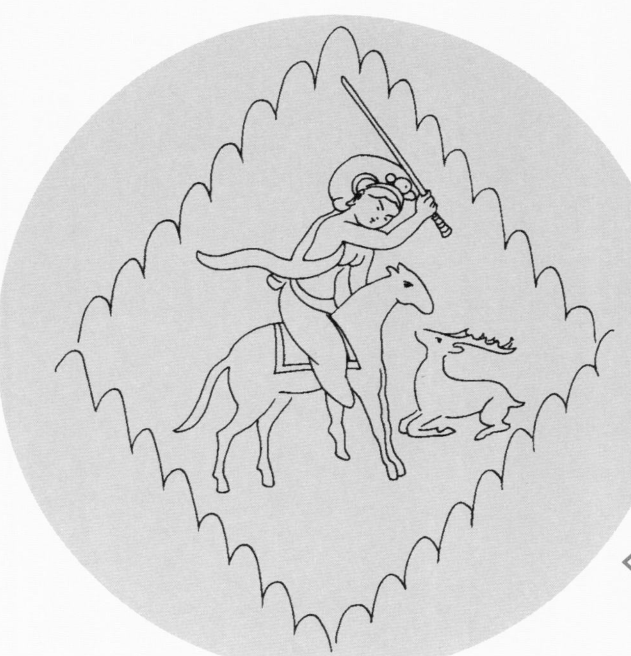

克孜尔单情节单幅构图

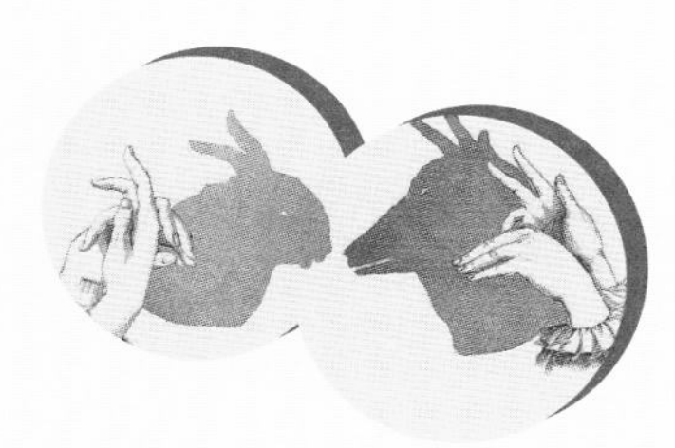

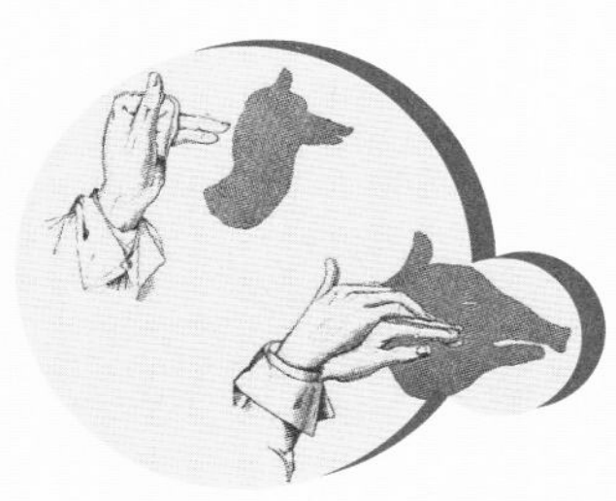

不妨动手试试看，
你能用双手变化出多少个动物？

背景知识5

剪影式造型：
手影、皮影、剪纸、纸浮雕

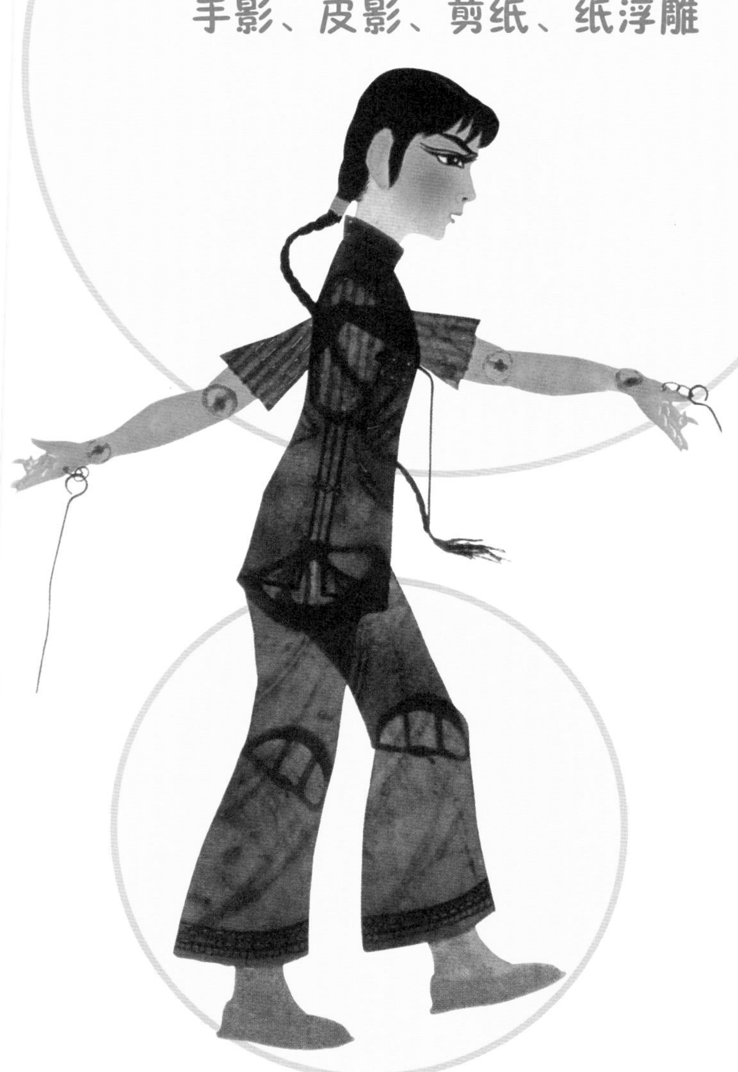

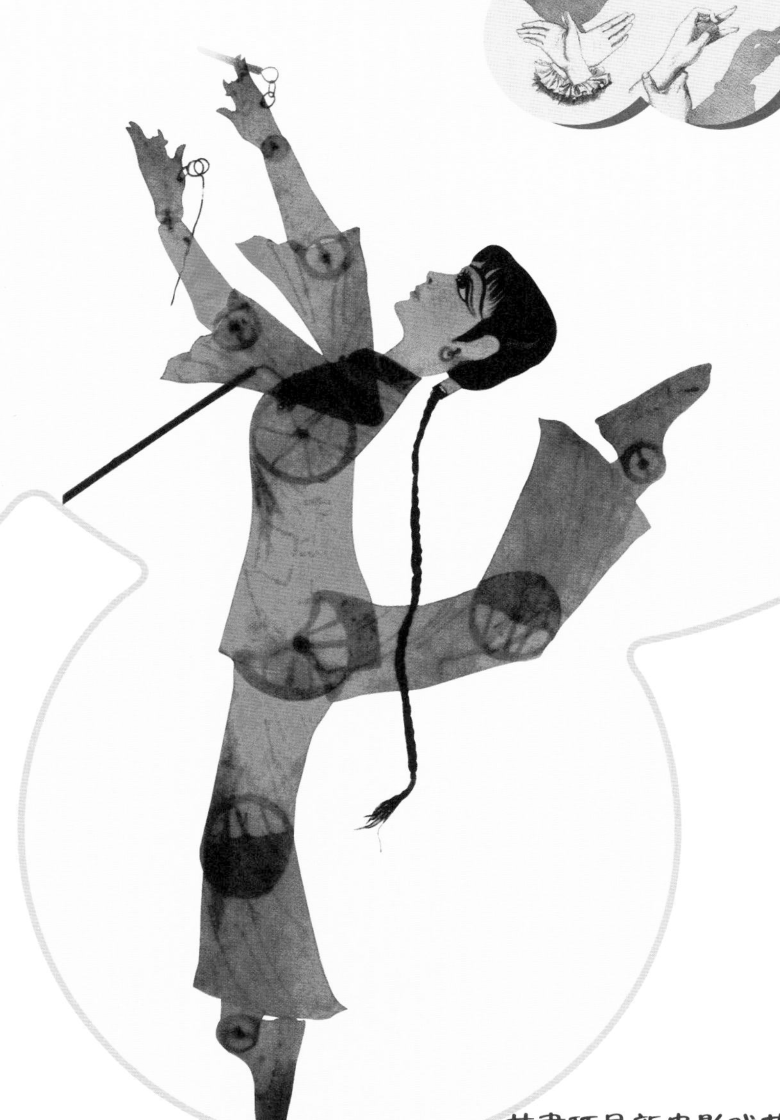

甘肃环县新皮影戏革命现代舞剧
《红色娘子军》人物吴清华。
选自邬建安《寻影初记·卷6上》

找个好朋友，给他（她）也来个剪影吧！

剪影式造型的特点在哪里？

请仔细观察在这里例举的各种形象的外轮廓线，是这些起伏变化的外轮廓线决定了造型的表现力。

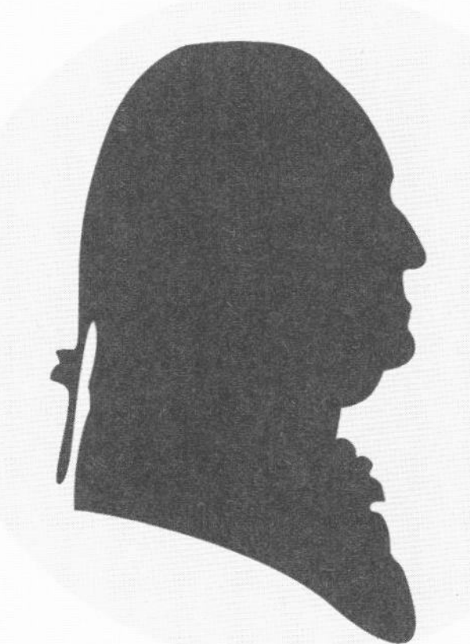

华盛顿肖像

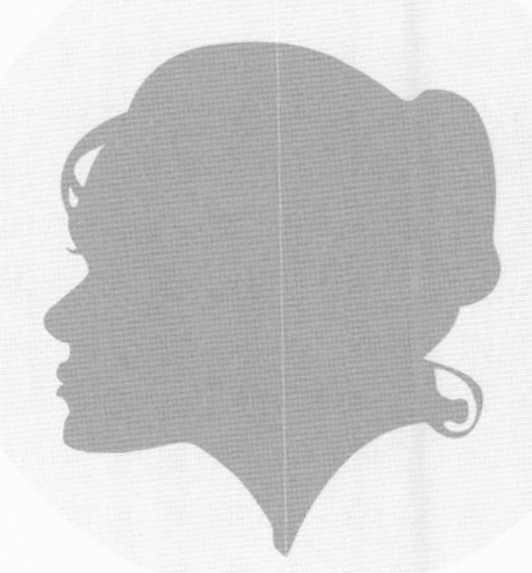

女子肖像

很难吗？动手试试看！

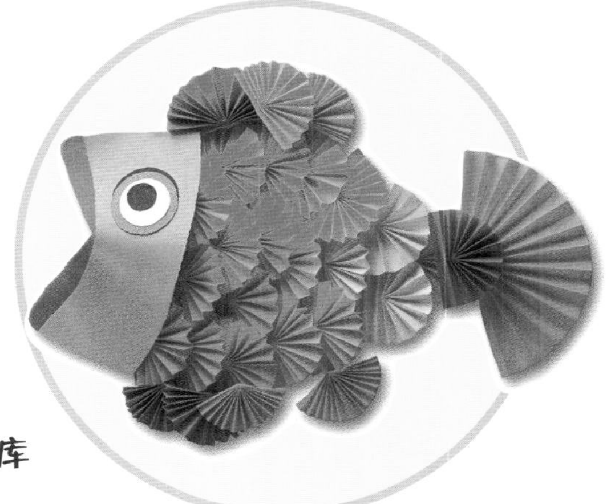

⇦ 台湾纸雕

选自百度图库

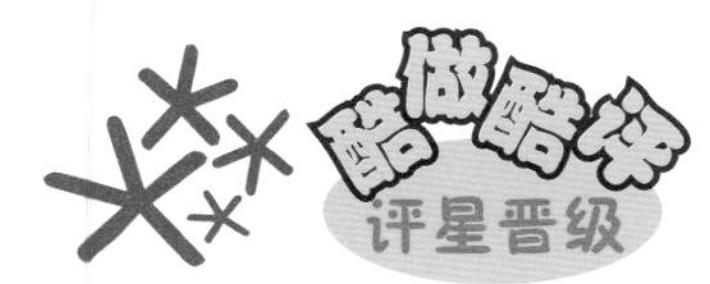

感谢你接触了这本书

非常感谢你接触了这本书，读完了甚至做完了这本书的练习。如果有某些段落使你体验了探索的喜悦，或者满足了你的好奇心，我们感到不胜荣幸。

和大家分享你的作品和体会

如果你愿意让大家分享你的成果和体会，你可以将本书中的任何练习寄给我们，我们将为你评星晋级。

评星晋级获奖

1.我们会为你建立作品档案夹，收藏你的作品。
2.我们会选择适当的时间和地点，为参与交流的同学们举办展览。
3.我们将评选优秀作品，评星晋级。
4.获得五颗星的同学，会得到我们的新书作为奖励。

我们的联系办法

中央美术学院造型学院《艺术探索丛书》编辑部
通讯地址：北京市朝阳区花家地南街8号
邮编：100102
E-mail:chenweihe@cafa.edu.cn
艺术探索 Adventures in Art 儿童美术中心秋季、春季、暑期课程
当代书法艺术院
通讯地址：北京市朝阳区东土城路怡和阳光大厦806室
邮编：100013
咨询电话：010 - 52180520
传真：010 - 52180519

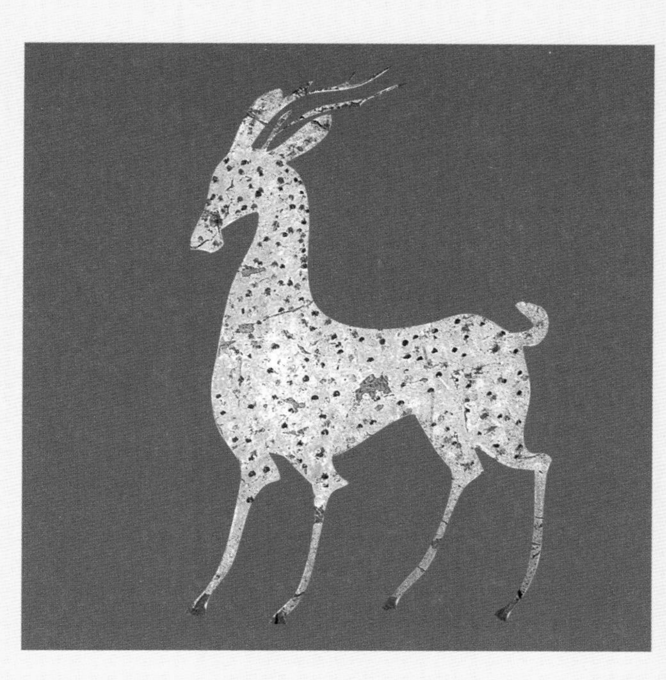

图书在版编目(CIP)数据

迷人的九色鹿/陈卫和，赵燕著．—石家庄：河北教育出版社，2007.9

ISBN 978-7-5434-6606-7

Ⅰ.迷... Ⅱ.①陈...②赵... Ⅲ.壁画-鉴赏-中国-儿童读物 Ⅳ.K879.41-49

中国版本图书馆CIP数据核字（2007）第106034号

本书《九色鹿》壁画常书鸿临摹品和莫高窟第257窟内全景照片，经敦煌研究院授权使用。

策　　划 / 孟凡刚
丛书主编 / 谭　平　戴士和
执行主编 / 陈卫和
文字总监 / 郑一奇
责任编辑 / 刘　峥　张天漫　杨　健
封面设计 / 王　梓
内文设计 / 陈卫和　赵　燕
制　　作 / 赵　燕　吴　鹏

出版发行 / 河北教育出版社
（石家庄市联盟路705号，邮编：050061）
出　　品 / 北京颂雅风文化艺术中心
制　　版 / 北京图文天地中青彩印制版有限公司
印　　刷 / 北京今日风景印刷有限公司
开　　本 / 889×1194毫米　1/12　7.5印张
版　　次 / 2007年9月第1版　第1次印刷
书　　号 / ISBN 978-7-5434-6606-7
定　　价 / 68元
